AF490018

MAGISTERIO
EDITORIAL

Catalogación en la publicación – Biblioteca Nacional

Fandiño Pinilla, Martha Isabel
   Área y perímetro : aspectos conceptuales y didácticos / Martha Isabel Fandiño Pinilla, Bruno D'Amore. – 1a. ed. -- Bogotá : Editorial Magisterio, 2009
        p. -- (Didácticas)

   Incluye bibliografía
   ISBN 978-958-20-0983-0

   1. Geometría - Historia 2.Geometría plana 3. Matemáticas Enseñanza I. D'Amore, Bruno, 1946-

CDD: 526.22 20   CO-BoBN– a666383

Área y perímetro

Aspectos conceptuales y didácticos

Martha Isabel Fandiño Pinilla
Bruno D'Amore

Colección D i d á c t i c a s

Área y perímetro
Aspectos conceptuales y didácticos

Autores:
©   Martha Isabel Fandiño P.
        Bruno D'Amore

        Libro ISBN 978-958-20-0983-0

Primera edición: 2009.
Reimpresión: 2018

©   COOPERATIVA EDITORIAL MAGISTERIO
        Diagonal 36 bis # 20-70 (Parkway la Soledad)
        Celular: (+57) 312 4354489
        Bogotá, D.C., Colombia.
        www.magisterio.com.co
        info@magisterio.com.co

Dirección General
Alfredo Ayarza Bastidas

Contenido

Prólogo

Fue hace ya casi un siglo, después de la Primera Guerra Mundial, cuando el célebre psicólogo Max Wertheimer, cofundador con Köhler y Koffka de la escuela de la "Gestalt", encontró, para su sorpresa, en sus investigaciones entre 1918 y 1933 que los jóvenes de los mejores colegios de Viena, Frankfurt y Berlín confundían el área de una figura con su perímetro, o identificaban el área con la fórmula que habían memorizado para calcularla. Ni siquiera estaban seguros de si debían utilizar $2(a+b)$ o ba. Menos aún podían responder preguntas en las que se sondearan las variaciones relativas de esas medidas ni resolver problemas que exigieran la comprensión del concepto de área.

En 1933, Wertheimer tuvo que emigrar a Estados Unidos, en donde fue profesor en la New School for Social Research hasta 1943. En ese año redactó su libro *El pensamiento productivo*, en el cual da cuenta de esas observaciones. Poco después murió, y su obra sólo salió póstumamente en 1945 (*Productive Thinking*. New York: Harper).

Paralelamente, Jean Piaget y sus colaboradoras Bärbel Inhelder y Alina Szeminska observaron fenómenos parecidos en los niños y niñas de París y Ginebra. En los años 60 se iniciaron otras investigaciones sistemáticas sobre los problemas de perímetros, áreas y volúmenes, y se encontró una y otra vez la confusión que estos conceptos producían no sólo entre estudiantes sino también entre docentes. Si se hacen de nuevo otras investigaciones sobre el tema 50 años después de aquella publicación, como las que hicieron Martha Fandiño y Bruno D'Amore, los autores de este libro que el afortunado lector o lectora tiene entre manos, seguiremos notando lo mismo una y otra vez. ¿Qué está pasando?

La pertinacia de los errores detectados y la ineficacia de los intentos para superarlos contrastan con la acumulación de conocimientos psicológicos, epistemológicos, históricos y didácticos que han aportado distintas investigaciones en educación matemática durante estos 50 años. Afortunadamente, los autores se han propuesto en esta obra la tarea difícil y retadora de consignar esos conocimientos en un texto breve, sustancioso y claro sobre el tema de área y perímetro de figuras planas, reuniendo alrededor de este tópico –aparentemente marginal con respecto a todos los contenidos curriculares de matemáticas en la educación primaria y secundaria, pero crucial para el aprendizaje de las magnitudes, cantidades y medidas– una serie de aportes sobre la historia del tema, su epistemología y su psicología y, ante todo, sobre las herramientas didácticas que se han desarrollado en los últimos 20 años, y que podrían ayudar a superar las limitaciones de la enseñanza actual de la geometría escolar.

Los lectores o lectoras encontrarán en esta obra abundante material de estudio y reflexión, una serie de conceptos y teorías, ilustraciones y ejemplos, y una nutrida bibliografía que los incitará a pasar más allá de la queja reiterada sobre las limitaciones de los maestros y maestras y sobre las torpezas de nuestros alumnos y alumnas, hacia el diseño de situaciones didácticas y adidácticas suficientemente potentes para lograr en ellos los aprendizajes que deseamos.

Carlos E. Vasco U.

Premisa

Este libro nace de una investigación que planteamos en 2003, desarrollada durante los años 2004 y 2005 y que publicamos como artículo en un primer momento en italiano:

D'Amore, B., Fandiño Pinilla, M.I. (2005). Area e perimetro. Relazioni tra area e perimetro: convinzioni di insegnanti e studenti. *La matematica e la sua didattica.* (Bologna, Italia). 2, 165-190,

y después, con diversas variaciones y anexos, en español:

D'Amore, B., Fandiño Pinilla, M.I. (2007). Relaciones entre área y perímetro: convicciones de maestros y de estudiantes. *Relime.* [México D.F., México]. Vol. 10, N. 1. 39-68.

Dicha investigación se desarrolló al interior del Núcleo de Investigación en Didáctica del Departamento de Matemática de la Universidad de Bologna (NRD), en el ámbito del Programa de Investigación financiado por la misma universidad: *Aspetti metodologici (teorici ed empirici) della formazione iniziale ed in servizio degli insegnanti di matematica di ogni livello scolastico.*[1]

En este trabajo colaboraron, como investigadores, los colegas: Gianfranco Arrigo, Lorella Campolucci, Giampiero Ceccherini, Erminia Dal Corso, Margherita Francini, Maura Iori, Inés Marazzani, Annarita Monaco, Fabrizio Monari, Paola Nannicini, George Santi, Silvia Sbaragli, Anna Traverso, Nadia Vecchi; gracias a ellos, participaron como sujetos y experimentadores centenares de docentes y de estudiantes: imposible recordarlos todos.

La investigación evidenció un hecho que exploramos a fondo y que nos llevó a consideraciones locales (área y perímetro) y a consideraciones globales (transposición didáctica y formación de los docentes).

Iniciamos diciendo que algunos docentes (y por tanto muchos estudiantes) tienen grandes dificultades para conceptualizar el *área* y el *perímetro* y, particularmente, para comprender las mutuas relaciones entre estos. Un argumento que parece estar al alcance de toda persona culta, en realidad esconde insidias que para muchos son notables y del todo inesperadas.

Si se trata de decir que el perímetro de una figura se mide en unidades lineales, por ejemplo en cm, mientras que el área se mide en unidades cuadradas, por ejemplo en cm^2, no hay problema; si se trata de aplicar fórmulas para la determinación de dichas medidas, igualmente, no hay problema. Pero, no apenas las cosas se complican o si se trata de establecer una relación entre el perímetro y el área de una misma figura; entonces nos encontramos con grandes sorpresas. Si además las figuras evolucionan o si sobre éstas se deben cumplir transformaciones, la situación puede volverse imprevistamente compleja.

Por ejemplo, decidir la existencia o no de relaciones entre perímetro y área de una figura, supera las competencias de muchos estudiantes, sobre todo porque, como habíamos verificado, supera aquellas de muchos docentes; si, después, esta figura hace parte de una sucesión

---

1.   Aspectos metodológicos (teóricos y empíricos) de la formación inicial y en servicio de los docentes de matemática de todos los niveles escolares.

de figuras obtenidas mediante transformaciones, vemos como la competencia casi se anula.

Sólo para hacernos entender, damos un ejemplo; supongamos que tenemos un paralelogramo ABCD:

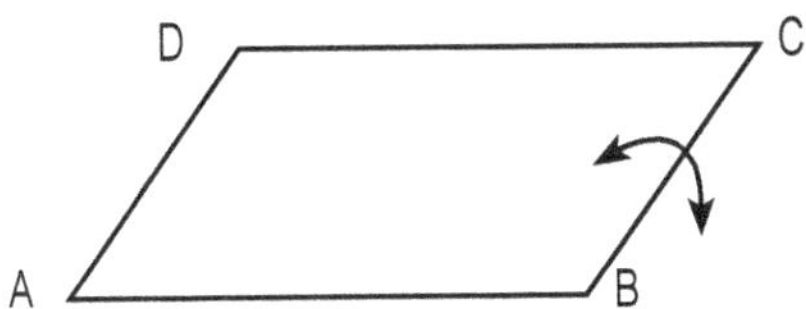

Supongamos que el lado AB sea fijo mientras que BC gira sobre B, "llevándose" con este movimiento, los vértices C y D (y por tanto los lados CD y AD); en cada instante de esta transformación, el cuadrilátero ABCD no deja de ser un paralelogramo. ¿Qué sucede con el área? ¿Qué sucede con el perímetro? ¿Si aumenta el área, aumenta también el perímetro? y ¿viceversa?

Otro ejemplo; consideremos las siguientes tres figuras:

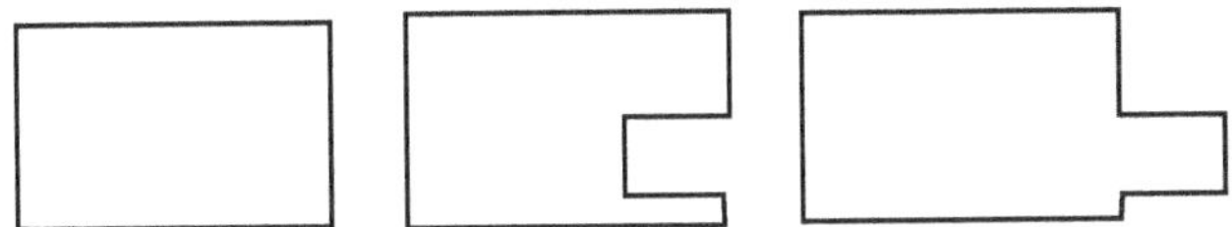

La segunda fue obtenida de la primera eliminando un rectángulo, la tercera agregándolo. ¿Qué sucede con las áreas de las tres figuras? ¿Y con los perímetros?

También en este caso, elegimos un ejemplo banal, ya que por ahora nos limitamos sólo a dar la idea de lo que entendemos cuando usamos la palabra "transformación" de las figuras. No se trata por tanto de transformaciones geométricas como isometrías (directas o inversas), homotecias, similitudes, afinidades, etc.

Como decíamos, estos resultados, más allá del ejemplo que discutiremos a lo largo del libro, nos han llevado a una reflexión de vasto alcance conceptual que deberemos retomar en otra oportunidad, pero que ya hemos enunciado, y por tanto, aquí haremos sólo una breve referencia.

Se acostumbra a identificar los tres vértices del clásico *triángulo de la didáctica* con los polos de la situación de enseñanza: maestro, estudiante y Saber (académico); afirmamos, siguiendo una línea coherente con nuestro pensamiento, que una de las tareas más interesantes y profesionales del docente consiste en la *transposición didáctica*, es decir, en la transformación de un Saber (académico) en un saber de enseñar, adaptado al grupo de estudiantes que se tiene de frente. Esto presupone, y siempre lo ha presupuesto explícitamente, una preparación del docente que lo capacite para hacerlo partícipe del Saber (académico) para poder reelaborarlo teniendo en cuenta la transformación didáctica: su (primera) prueba de profesionalismo consiste, de hecho, en esto, en esta adaptación del Saber a un auditorio *real*.

Nos hemos dado cuenta, por el contrario, en más de una ocasión, que el docente, cuando explica, está al límite de sus competencias; dicho en otras palabras: *sabe aquello que enseña*, pero no sabe aquello "de más" que necesitaría, no está transformando un Saber (académico) que no ha hecho propio realmente, aunque haya tenido acceso a él. Uno de nosotros ya lo había constatado en otra ocasión (Fandiño Pinilla, 2008) a propósito de las fracciones; pero, sobre el tema de área y perímetro, el problema estuvo muy por debajo de las expectativas, hecho admitido por los docentes entrevistados, como veremos.

Estas consideraciones nos obligarán, en un futuro, a analizar nuevamente en forma crítica el triángulo de la didáctica (que habíamos ya tenido la oportunidad de estudiar en profundidad en D'Amore y Fandiño Pinilla, 2002, desde un punto de vista crítico constructivo). Igualmente, se deberá analizar ampliamente el sistema de la formación inicial de los docentes porque nos parece que estas consideraciones son, en resumen, un hecho nuevo: siempre más estudiantes salen de la secundaria sin la mínima noción de matemática; en más de una ocasión, hemos visto cómo no dominan, tampoco, conceptos estudiados en la escuela primaria.

En los cursos de formación universitaria para futuros docentes que hemos impartido en Italia (en varios cursos de pre-grado principalmente en Bologna, Urbino y Bressanone) y en otros países (por ejemplo Suiza), se presentan como aspirantes a futuros docentes (no sólo de primaria) estudiantes que necesitarían una formación matemática del nivel de la escuela primaria.[2] Y, dado que, como veremos en este libro, aún cuando los docentes en servicio se ven obligados a admitir sus lagunas de base, se deberán analizar, también, el sentido y los contenidos de la formación continuada.

Dejaremos para el futuro, no obstante su urgencia e importancia, el análisis de las consecuencias de estas consideraciones; no las posponemos, por ahora sólo las archivamos, para poder continuar. Queremos hacer notar que tales preocupaciones nos han llevado en estos últimos años en una dirección que caracteriza no sólo nuestras investigaciones y aquellas del Núcleo del cual hacemos parte, sino también, en nuestra opinión, toda la investigación internacional.

En D'Amore (2005, 2006a) evidenciamos cómo, de una investigación en didáctica de la matemática "A" (entendida como *Ars docendi*, es decir *Arte de la enseñanza*) centrada en la problemática de la enseñanza (creación de proyectos, elaboración de nuevos currículos, realización de instrumentos pre-confeccionados para enseñar mejor,...) se pasó, en los años 80, a una *epistemología del aprendizaje* de la matemática (didáctica "B"), por tanto a una investigación centrada en el aprendizaje de la matemática y no sólo en su enseñanza.

Pues bien, las consideraciones de los últimos años, aquellas mismas aquí ilustradas y aquellas de muchos otros colegas investigadores de diferentes países, nos han llevado recientemente a proponer una investigación en didáctica "C" como *epistemología del docente* (D'Amore, 2006b).

Esto, teniendo como referencia la base teórica de lo que estamos proponiendo. Recientemente se había elevado un grito de alarma para llamar la atención precisamente sobre el área y el perímetro, junto al tema de las fracciones (Fandiño Pinilla, 2008).

Esperamos, deseamos, que para los estudiosos, los docentes, los investigadores, este libro pueda ser útil para colmar lagunas, para tomar conciencia de los problemas, para crear oportunas estrategias didácticas,

---

2.   Sobre los temas de la formación inicial, por otra parte, ya nos habíamos expresado en D'Amore y Fandiño Pinilla (2003).

más conscientes y eficaces, más críticas, más razonadas, que no sean dictadas sólo por la tradición, vista desde ya como un acto repetitivo.

Este libro, junto al ya citado sobre las fracciones (Fandiño Pinilla, 2008) con el cual hace una pareja ideal, conservando el subtítulo y la estructura general, debería llevar al lector atento, consciente, profesional, a analizar su propia acción didáctica sobre la base de criterios más ciertos, haciéndolo más sensible a las propuestas que la didáctica de la matemática está en posibilidad de proporcionar en la actualidad.

Por otra parte, en los docentes más sensibles existe plena conciencia de estas lagunas, como se evidenció en las entrevistas que el lector encontrará en este libro y en aquellas recolectadas, a propósito de las fracciones, en Campolucci y otros (2006); en este último trabajo de investigación se describe una *learning story*, en gran parte en forma de consideraciones personales, en donde, quienes aprenden son los docentes en servicio en un curso de formación con fases de estudio gestionadas en forma autónoma; la toma de conciencia proviene del estudio mismo y de las útiles discusiones colectivas.

Se verá, analizando la bibliografía de investigación (presentada en el capítulo 3) y leyendo las reflexiones de los docentes (en el capítulo 4), la complejidad de la cuestión de la formación de los docentes:

- la formación matemática no basta, pero es decisiva; es absolutamente necesario formar a los docentes de matemática en matemática, haciéndolos no sólo *competentes en matemática* sino también dándoles una más compleja *competencia matemática* (sobre esta distinción necesaria, véanse las contribuciones de Fandiño Pinilla en D'Amore, Diaz Godino, Fandiño Pinilla, 2008);
- por otra parte, es universalmente aceptado el hecho de que tal pareja de competencias no basta: es necesaria, pero no suficiente; se requiere una sólida preparación en historia y epistemológia, en didáctica general, psicología del aprendizaje, antropología y sociología, pero básicamente en didáctica de la matemática que debe convertirse en materia fundamental en la formación de los profesionales de la educación.

Hasta que no haya total conciencia sobre este punto, el problema será eludido y por tanto imposible de resolver.

Queremos evidenciar que estamos eligiendo, para este análisis de investigación crítica, temas matemáticos tradicionales, simples, seguros, temas que son patrimonio absolutamente necesario de los currículos más comunes y que todos los docentes de matemática abordan: área y perímetro, fracciones, números naturales (sobre este tema véase: AA.VV., 2004) y otros temas usuales; no estamos profundizando en cuestiones lejanas de la práctica generalizada, como probabilidad y lógica (importantes, pero casi siempre eludidas en la escuela). Lo cual hace aún más evidente el resultado de nuestros esfuerzos de investigación y más impactante la conclusión.

Una aclaración y un límite a este trabajo

Cuando se habla de área o de superficie, se puede hacer referencia a figuras planas, como triángulo, cuadrado, trapecio,... o a superficies de sólidos tridimensionales (superficies laterales o totales del cubo, del cilindro, del cono,...); en este segundo caso, se recurre a la idea de "desarrollo" de una superficie: un sólido viene como "abierto" y se "extiende" sobre el plano; entonces una medida interesante es la de su superficie; en dicho caso, obviamente, se pierde la idea de perímetro.

Nosotros no examinamos este tipo de superficie, nuestro estudio se centra sólo en la superficie de figuras planas.

Pero, no perdemos la ocasión para evidenciar que, también en las relaciones entre superficie y volumen de los sólidos, existen falsas convicciones que, en ocasiones, son verdaderas mis-concepciones mientras que en otros momentos son sólo ligerezas... seudo-deductivas las cuales emergen de expectativas erradas (el análisis de algunas de éstas se encuentran en el capítulo 4).

Por ejemplo, supongamos que al "enrollar" dos hojas de papel tamaño carta, la primera en torno a la dimensión menor y la segunda en torno a la dimensión mayor; se obtienen dos cilindros (respectivamente C_1 y C_2).

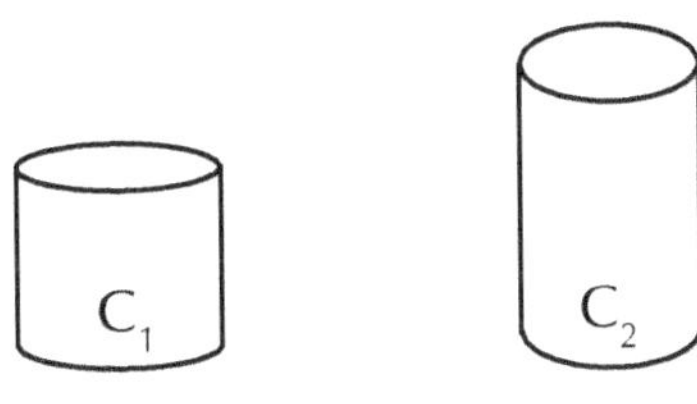

Es obvio que las superficies laterales de los dos cilindros tienen igual área, dado que se trata, en los dos casos, de una hoja tamaño carta. Pero, ¿y los dos volúmenes? ¿los volúmenes de C_1 y de C_2 tienen igual medida?

Pues bien, la mayor parte de las personas a quienes se les propone esta pregunta tienden a responder afirmativamente, mientras que la respuesta correcta es negativa: uno de los cilindros tiene un volumen netamente superior al volumen del otro.

Existe entonces una elegante analogía que se podría expresar, bromeando matemáticamente, así:

$$\text{perímetro : área = área : volumen}$$

Esta analogía fue objeto de una investigación específica (Sbaragli, 2006).

Sobre este punto se manifestó inclusive Galileo Galilei (1564-1642); él escribió una de las obras estilísticamente más bellas de todo el vasto panorama del Renacimiento literario italiano, *Discorsi intorno a due nuove scienze attenenti alla meccanica e i movimenti locali,*[3] publicada en 1638, causando una gran polémica en los años que siguieron (Galilei, 1638-1964).

Ahora bien, en la primera parte, en las páginas 627-8 de la edición consultada por nosotros y citada en la bibliografía, se encuentra la siguiente afirmación de Salviati, uno de los tres "interlocutores" protagonistas del diálogo:

"(...) De aquí se entiende la razón de un hecho que, no sin maravilla, viene advertido por el pueblo; y es, cómo puede ser que del mismo pedazo de tela más largo de un lado que del otro, si se hiciera un saco para empacar el trigo, como se acostumbra hacer con un mantel, tendrá mucho más trigo si se hace que la altura del saco sea de la menor medida de la tela que haciéndola al contrario (...)".[4]

---

3.   Discursos acerca de dos nuevas ciencias relacionadas con la mecánica y los movimientos locales.

4.   La traducción es nuestra.

Un ejemplo ilustrativo y concreto del problema de la hoja tamaño carta "enrollada" descrito líneas antes.

Como ya lo habíamos dicho, nosotros no nos ocupamos de volúmenes o de superficies en el espacio, reservando nuestro estudio sólo a figuras en el plano en sentido clásico.

Un último aviso al lector

En el transcurso de los capítulos del 1 al 4 nos vemos obligados a hacer uso de términos técnicos tomados de la didáctica de la matemática (es más, ya hemos hecho uso de estos términos en esta premisa), para los cuales nos basamos siempre en las definiciones que se encuentran en D'Amore (2006a); quien domina estas definiciones, no tendrá dificultad para entender el sentido de nuestras afirmaciones; pero, como se hizo en Fandiño Pinilla (2008), en el capítulo 5, cuando se haga un análisis específico sobre la didáctica del área y del perímetro, haremos una breve referencia al sentido que le estamos dando a estos términos técnicos, para evitar malentendidos.

Bogotá, primavera 2006 –
Lido Adriano, verano 2006 –
Bogotá, invierno 2008

Capítulo 1

Área y perímetro en la geometría elemental

"Y ¿Usted?, ¿De qué se ocupa?", me preguntó. Cuando le dije que era un docente de matemática, agregó: "A propósito de matemáticos, siempre he sentido curiosidad por su trabajo. ¿Qué me puede decir al respecto?".

Radford L. (2004).
Cose sensibili, essenze, oggetti matematici ed altre ambiguità.
La matematica e la sua didattica. 1, 4-23, p. 4.

1.1. Las palabras de la geometría

Términos primitivos

Es costumbre de los matemáticos desde hace 2.300 años, o tal vez desde antes, usar, sin definir, algunas palabras que expresan verbalmente algunos objetos: punto, recta, línea, curva, plano, espacio,... y otras que expresan relaciones entre objetos: estar entre, congruencia (en el sentido de igualdad, ideal posibilidad de "sobreponer"), intercepta, yace sobre,...

Los matemáticos prefieren no definir, sino *nominar* cuidadosamente y *usar* explícitamente estos objetos y estas relaciones, concientes como son de que no todo es definible en cuanto que, para definir algo, se debe dar *ya* por descontado el conocimiento de elementos precedentes de los cuales partir. Por tanto, es suficiente elegir oportunamente, al inicio, objetos *primitivos*, por lo general los más complicados de definir, faltando precisamente los términos... precedentes. Será la nominalización repetida y el uso correcto a definir implícitamente el significado de estos objetos y de estas relaciones en el curso del desarrollo de la teoría.

Por lo general, al contrario, precisamente en los textos de geometría elemental, se encuentran torpes intentos de definición, con resultados a veces ridículos. Por ejemplo, encontramos que "la recta es un conjunto de puntos que tienen la misma dirección" (¡*sic*!), como si existiera una propiedad de los puntos que se llama "dirección", lo cual es, como mínimo, un absurdo.

Palabras de la geometría y palabras de uso común

Existen palabras de la geometría que entran en conflicto con palabras de uso común, del lenguaje coloquial; es necesario estar atentos y clarificar bien sea a sí mismo como con los alumnos el significado de una determinada palabra, significado que depende del contexto. Es interesante y estimulante que exista dicha ambigüedad, que enriquece los dos lenguajes; basta estar atentos y saber eliminarla.

Por ejemplo, "punto" es algo bien preciso en geometría, mientras que en la lengua común puede tomar muchos otros significados, dependiendo del contexto.

Palabras ambiguas en geometría

Incluso el mismo lenguaje de la matemática presenta en ocasiones ambigüedades; por ejemplo, cuando se dice "cuadrado", a veces se entiende la línea poligonal convexa formada por cuatro segmentos de igual medida, es decir una figura lineal; en ocasiones se entiende la parte de plano interna a dicha línea poligonal, es decir una figura bidimensional.

En este último caso, además, va dicho explícitamente si la línea poligonal hace parte o no del cuadrado, es decir si la superficie del "cuadrado" es cerrada (contiene su contorno) o abierta (no lo contiene).

Esta última cuestión tiene consecuencias interesantes. Pensemos, por ejemplo, en el ángulo. Cuando se dice que "el ángulo es cada una de las dos partes del plano contenida *entre* dos semirrectas que tienen el punto de origen en común", dichas semirrectas ¿hacen parte, o no, de la superficie llamada ángulo?

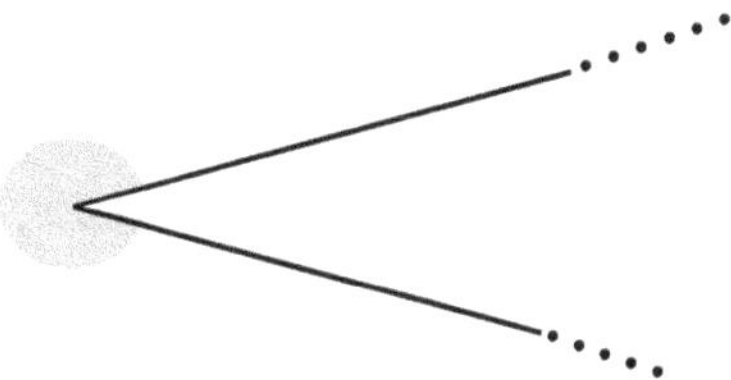

La preposición "entre" es ambigua y por tanto cada vez que se usa va definido su sentido; veamos una consecuencia de cada elección:

- si el ángulo contiene sus lados, entonces, el ángulo giro es un plano y el ángulo nulo es una semirrecta;
- si el ángulo no contiene sus lados, entonces el ángulo giro es un plano al cual se le resta una semirrecta, mientras el ángulo nulo es el vacío.

Desde el punto de vista de la medida de la amplitud, nada cambia, pero conceptualmente sí cambia, y mucho.

Por tanto, cuando se dice "cuadrado" (o "triángulo" o "pentágono") es necesario explicitar si se está hablando de la figura unidimensional o si se habla de la figura bidimensional, de una curva o línea o de una superficie.

Circunferencia y círculo

La matemática ha elaborado, por el contrario, dos palabras diferentes en relación con la circunferencia y con el círculo:

- *circunferencia* es la curva o línea, el conjunto de todos, y sólo, los puntos del plano equidistantes de un punto llamado "centro" (dicha distancia común es llamada: "medida del radio");
- *círculo* es la superficie bidimensional, conjunto de todos, y sólo, los puntos del plano que tienen una distancia menor del radio; diciendo "menor del" hemos obtenido un círculo abierto, es decir, sin la circunferencia; si queremos incluir la circunferencia, obteniendo por lo tanto un círculo cerrado, entonces debemos decir "no mayor del...".

Como se ve, incluso a un nivel elemental, estamos frente a insidias lingüísticas, conceptuales y de contenido.

Contorno y perímetro - superficie y área

Así, en matemática se debe distinguir entre la frontera o el contorno de una figura plana y su perímetro; el contorno es una línea cerrada, el perímetro es una medida (lineal), es decir un número real que expresa la longitud del contorno en una determinada unidad de medida (por ejemplo cm o m); generalmente, pero, en el idioma común, se escucha decir "perímetro" como sinónimo de contorno.

Análogamente, superficie es una parte del plano, mientras área es la medida bidimensional, es decir un número real acompañado de una oportuna unidad de medida (por ejemplo, respectivamente cm^2 o m^2).

1.2. Polígonos

Recta

Asumamos, a partir de este momento, que curva y línea sean sinónimos. Ubiquémonos en un determinado plano. Entre los tipos de líneas de este plano, existe uno en particular que llamamos "recta". Consideremos una recta y llamémosla r. Supongamos que orientamos los puntos de *r* siguiendo un determinado orden, representado con una flecha (se habla entonces de una recta orientada).

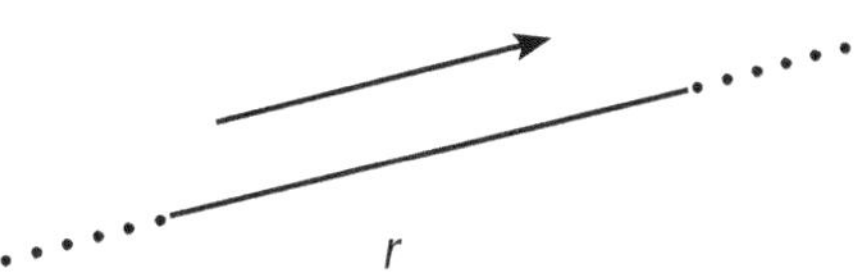

Los puntos finales en los dos sentidos de la imagen de *r* sirven para recordar que la recta es ilimitada. En algunos países, esto se indica con una figura de este tipo:

En tal caso, es necesario indicar la orientación de la recta explícitamente.

Otra forma de representar una recta orientada es la siguiente:

Segmento

Si sobre la recta orientada *r* tomamos dos puntos distintos, por ejemplo A y B, entonces la recta *r* se divide en tres partes y por lo general se reserva el nombre de "segmento *AB*" al conjunto de puntos de *r* comprendidos *entre A* y *B* (en todo momento se decide si A y B forman parte, o no, de dicho segmento; esto significa que la preposición "entre" debe ser siempre interpretada).

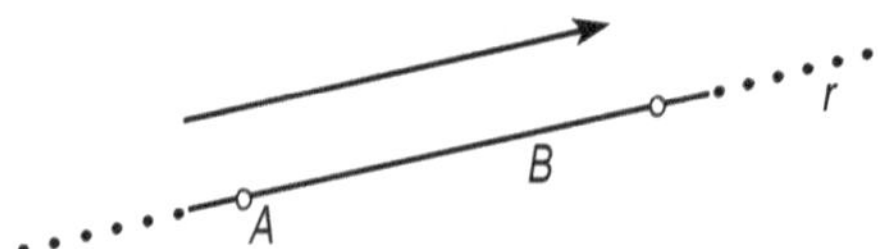

A se llama el primer extremo, *B* se llama el segundo extremo de dicho segmento.

El segmento *AB* tiene una longitud lineal que se expresa a través de una medida (es decir, con un número real) en una determinada unidad de medida; en algunos libros de texto, se usa la escritura $\overline{AB}$ para indicar la medida de la longitud del segmento *AB*. (En otros países esto se escribe |*AB*|). Por tanto, *AB* es un segmento, un conjunto infinito de puntos sobre una determinada recta, mientras $\overline{AB}$ o |*AB*| es un número acompañado de una unidad de medida.

Puede ser interesante anotar que existen diversas formas de uso de los símbolos geométricos según el país donde se usan. Por ejemplo, en algunos países de América Latina y del mundo anglosajón, la recta que pasa por lo puntos *A* y *B* se representa $\overleftrightarrow{AB}$; si tenemos los puntos *A* y *B* sobre una recta, para indicar la semirrecta que tiene origen en el punto *A* y que pasa por *B* se usa: $\overrightarrow{AB}$; para indicar la semirrecta que tiene origen en *B* y que pasa por *A* se usa: $\overleftarrow{AB}$; el segmento *AB* se indica con $\overline{AB}$; por último, la medida del segmento *AB* se indica con: $m\,\overline{AB}$.

Segmentos consecutivos y poligonales

Consideremos dos segmentos tales que el primer extremo del segundo segmento coincida con el segundo extremo del primer segmento, de la forma: *AB* y *BC*; entonces *AB* y *BC* se dicen consecutivos.

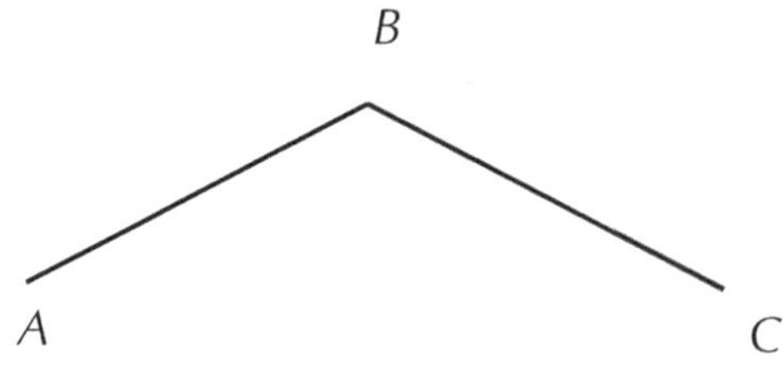

Una línea formada por una sucesión finita de segmentos consecutivos se denomina "poligonal".

Si el segundo extremo del último segmento de una poligonal coincide con el primer extremo del primer segmento de la misma poligonal, entonces la poligonal se dice "cerrada", en caso contrario se dice "abierta".

A partir de este momento consideraremos sólo poligonales cerradas.

Supongamos que en una poligonal cerrada cada segmento-lado tiene en común con otro, sólo el primero o el último punto; en tal caso la poligonal cerrada se denomina "simple" (en caso contrario se dice "compleja").

A partir de este momento consideraremos sólo poligonales cerradas simples.

Polígono

Una poligonal simple cerrada se denomina "polígono" y cada uno de los segmentos se llama "lado".

El plano resulta dividido por un polígono en tres partes.

Una de estas es el mismo polígono y es lineal. Restan dos, en los dos casos superficies.

Tomemos un punto en una de estas dos últimas partes y un punto en la otra y unámoslos con un segmento que tiene como extremos estos dos puntos. Para dar visibilidad a la situación, diseñemos el segmento punteado.

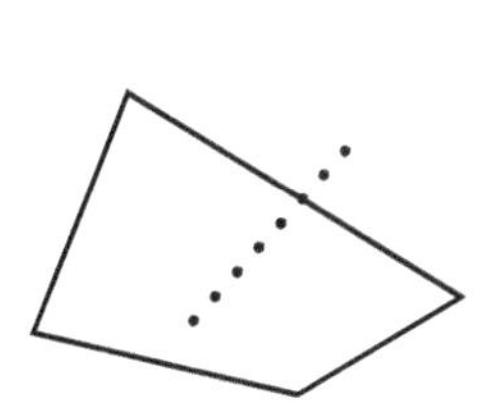

Puntos de intersección 1

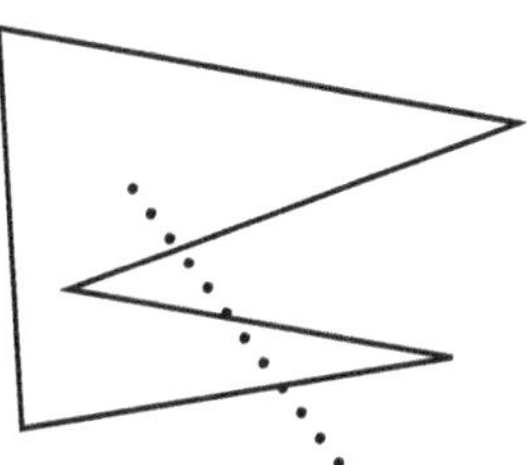

Puntos de intersección 3

Dicho segmento interseca el contorno en un número impar de puntos.

Interno-externo

Tomemos dos puntos diferentes en una de estas partes y consideremos la recta que pasa por estos:

- en relación con una de las partes, dicha recta *puede* intersecar *o no* el polígono, según la disposición de los puntos de las parejas;
- en la otra parte, la recta *necesariamente* interseca el polígono.

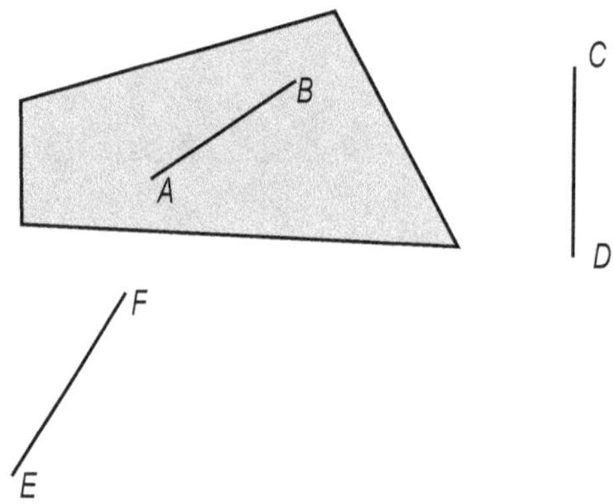

La primera parte del plano se llama "externa" al polígono, la otra se llama "interna":

- la recta que une dos puntos tomados en la parte interna del polígono, como por ejemplo, A y B, *necesariamente* interseca el polígono;
- las rectas que unen dos puntos tomados en la parte externa del polígono, como, por ejemplo, C y D o E y F, a veces lo intersecan y a veces no, *depende* de como se eligieron las parejas de puntos.

(Nótese que evidenciamos sólo las imágenes de los segmentos, por ejemplo *EF,* pero la recta que pasa por *E* y por *F* debe ser considerada ilimitada; por tanto los segmentos se deben considerar como prolongables ilimitadamente).

La parte del plano interna al polígono se llama superficie poligonal o también, en general, "polígono".

Por tanto, cuando se dice "polígono" es necesario especificar si se está hablando de la figura lineal o de la figura superficial, a menos que esto no sea evidente en el contexto.

Se llama contorno o frontera del polígono la línea poligonal cerrada no compleja que lo determina. Se llama "perímetro" la medida de dicho contorno o frontera. Esta medida es la suma de la longitud de los lados que lo componen en cuanto línea poligonal.

Supongamos, a partir de este momento, que la frontera o contorno del polígono (entendido como figura superficial) forma parte de éste.

Área del polígono

Consideremos la superficie de la parte interna del polígono; la medida de esta parte interna se llama "área del polígono" y, por tanto, un número real acompañado de una oportuna unidad de medida bidimensional.

Polígonos cóncavos y convexos

Se usa distinguir entre polígonos "cóncavos" y "convexos".

Si unimos con un segmento un punto interno con un punto externo del polígono tenemos:

- en el primer caso ilustrado sólo se puede obtener una y sólo una intersección con el contorno, sin importar cómo se elijan los dos puntos; se trata de un polígono "convexo";
- en el segundo caso, por el contrario, dependiendo de la elección de los puntos, las intersecciones pueden ser una o más (obviamente siempre impares); se trata entonces de un polígono "cóncavo".

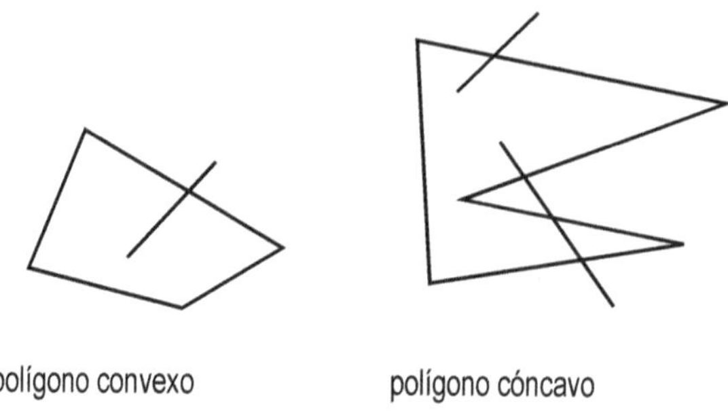

polígono convexo   polígono cóncavo

Propiedades de los polígonos

Los polígonos convexos pueden ser clasificados según diversas propiedades las cuales son patrimonio común de todos los lectores.[5] Según la propiedad que se determine, los polígonos asumen diversas denominaciones, más o menos estandarizadas en cada país, pero no siempre iguales de país a país.

Para poder acceder a dichas propiedades, se hace uso, generalmente, del concepto de "ángulo interno del polígono".

Si consideramos dos lados consecutivos de un polígono, podemos considerar que el punto en común sea el vértice de dos ángulos que tienen como lados precisamente las semirrectas determinadas por estos dos lados del polígono. Entre estos ángulos, consideramos aquello que contiene el polígono entero. Dicho ángulo es llamado "ángulo interno del polígono".

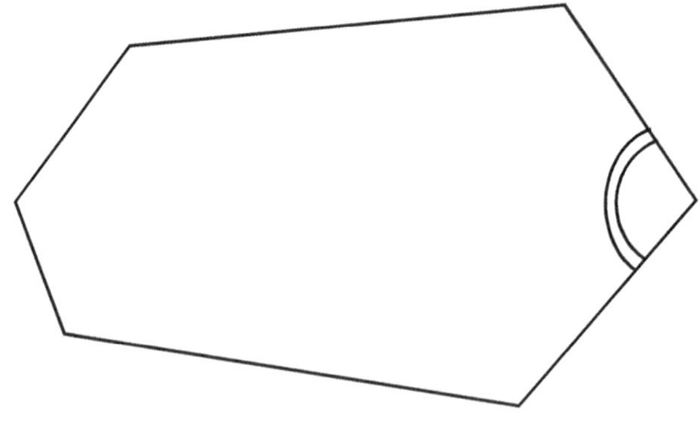

---

5. En todo caso, remitimos a Fandiño Pinilla y Sbaragli (2001).

Es obvio que si un polígono convexo tiene *n* lados, por lo tanto *n* vértices, tiene *n* ángulos internos.

Usando oportunamente la longitud de los lados y sus igualdades, o paralelismo y perpendicularidad entre las rectas que contienen los lados de los polígonos, o la medida de los ángulos internos y sus igualdades, es posible definir varios tipos de triángulos, cuadriláteros, etc.[6]

Entre los polígonos convexos, son interesantes y siempre han sido objeto de particulares estudios aquellos llamados "regulares" que tienen todos los lados y todos los ángulos internos iguales ("igual" debe ser entendido aquí como: tienen la misma medida, o: son idealmente "sobreponibles" con un movimiento rígido, es decir "congruentes").

Superficies no polígonos

Obviamente, no todas las superficies son polígonos, existen también líneas (o curvas) cerradas que no son segmentos. Por tanto, el estudio completo requeriría de una introducción de contornos no describibles mediante una línea poligonal.

Pero el objetivo de este capítulo es sólo el de describir cómo situaciones en apariencia banales o elementales pueden esconder insidias. Para una mayor información matemática, véase Fandiño Pinilla y Sbaragli (2001).

---

6.   La misma figura puede ser definida de diversas formas, no necesariamente haciendo referencia a la definición clásica difusa en los libros de texto. Por ejemplo, un rombo es "un paralelogramo que tiene todos los lados iguales"; pero también es: "un paralelogramo en el cual las diagonales son ejes de simetría". Una experiencia didáctica sobre las definiciones de los cuadriláteros, alternativas, pero equivalentes, a las que dan los libros de texto, efectuada con docentes de la escuela media, constituye un trabajo de Bagni y D'Amore (1992) que propone resultados de gran interés, evidenciando estereotipos difundidos no sólo entre los estudiantes.

1.3. Perímetro y medida de los contornos

Perímetro de un polígono

Determinar el perímetro de un polígono es simple: basta hacer la suma de las medidas de la longitud de todos sus lados.

Pero existen casos especiales.

Si tomamos, por ejemplo, un cuadrado, entonces, los cuatro lados son todos iguales y por tanto tienen todos la misma medida. En algunos libros de texto se encuentra escrito así: $P_{cuadrado} = 4 \times l$ (o $4l$), donde l está por ¿...? Dado que el perímetro es una medida, l debe ser a su vez una medida; por tanto no significa "lado", sino "medida de la longitud del lado" (reduciendo un poco: "medida del lado"). En ocasiones, en los libros de texto se confunde el lado con su medida; no tiene nada de malo, pero esto puede generar confusiones, a largo tiempo.

Obviamente existen fórmulas especiales (generalmente, inútiles) para el perímetro del rectángulo, pentágono regular, triángulo equilátero... que el lector conoce muy bien.

Pero, hemos encontrado en un libro de texto la siguiente situación, haciendo referencia a la figura de un pentágono:

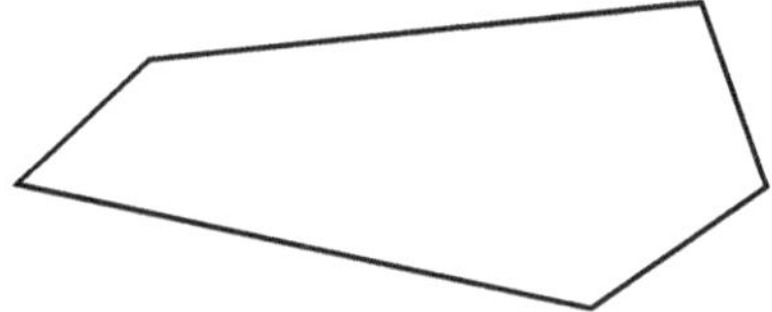

la didascalia decía: $P_{pentágono} = l + l + l + l + l$; siendo un pentágono, precisamente a la derecha aparecían 5 sumandos. Pero en álgebra dicha escritura podía ser abreviada así: $P_{pentágono} = 5 \times l$, como si todos los lados tuvieran igual medida, lo que, evidentemente, no lo era. El deseo exagerado de querer formalizar a cualquier costo llevó a una escritura insensata o por lo menos discutible. Mil veces mejor escribir simplemente: $P_{pentágono} = $ "suma de la medida de todos los lados". (Aunque con referencia al uso del signo "=" en casos como este, tenemos nuestras reservas).

Medida del contorno de figuras que no son polígonos

Si la figura de la cual queremos encontrar la medida del contorno no es un polígono, las cosas se complican; en el caso de la circunferencia de radio r, se encuentra $2\pi r$,[7] pero en el caso de otras figuras la cuestión es más delicada.

En el caso de la figura de la derecha:

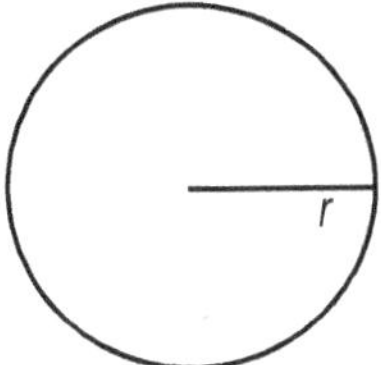

las partes no rectilíneas del contorno deben ser "rectificadas", es decir, se requiere encontrar segmentos cuyas longitudes sean iguales a las de las líneas no rectas que contribuyen a forman el contorno. Existen procesos para encontrar esto, pero son complicados y exceden el estudio elemental que venimos realizando. Nos interesa dar una idea de los problemas que se esconden detrás de situaciones en apariencia simples. Dicho con palabras que sin duda pueden ser objeto de muchas críticas, sería como lograr "extender" un hilo no elástico sobre este contorno mixto-lineal, perfectamente adherente,[8] después extender el hilo como un segmento sobre una recta y medirlo linealmente.

---

7. Aquí, r está por "medida del radio"; pero a veces r significa "radio". No es un verdadero problema, basta tenerlo siempre presente.

8. Este hecho tiene sentido físicamente, es decir: basta obtener una buena aproximación; pero matemáticamente tiene otro sentido, es decir: perfectamente, lo cual es sólo un hecho ideal y nada tiene que ver con actos concretos.

1.4. Área de las figuras elementales

Área del rectángulo

Si tenemos un rectángulo cuyos lados consecutivos miden a y b, entonces su área mide $a \times b$ (con una oportuna unidad de medida). Se puede escribir también ab. El hecho no es complejo de aceptar, si se piensa en b cuadraditos unitarios tomados a veces, oportunamente dispuestos, si a y b son números naturales. Las medidas lineales a y b de los lados consecutivos se expresan en "medida unitaria del lado del cuadradito"; la medida de la superficie del rectángulo (ab) se expresa en una unidad donde cada una es una "medida unitaria del cuadradito entendido como superficie".

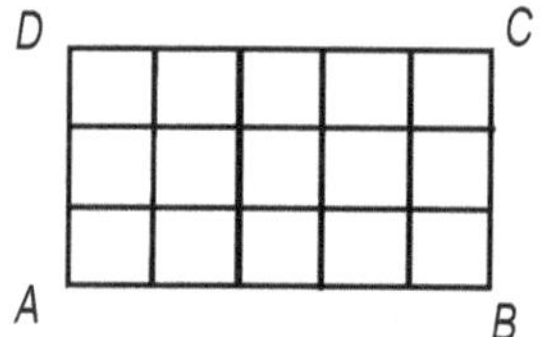

$$\overline{AB} = a$$

$$\overline{BC} = b$$

En nuestro ejemplo,
a es 5,
b es 3.

La intuición nos permite extender el caso de los números naturales a los números racionales (y reales) por analogía y decidir que la escritura $a \times b$ o ab es la medida del área del rectángulo independiente del campo numérico al cual pertenecen los números a y b.

Área de los otros polígonos tradicionalmente estudiados

Cuando se tiene una fórmula para encontrar el área del rectángulo, que intuitivamente se entiende y se acepta, todo el resto es consecuencia de ésta.

En el caso del cuadrado, a y b son iguales y por tanto el área del cuadrado es a^2.

En el caso del triángulo ABC, se ve fácilmente cómo la superficie de éste es la mitad de aquella del rectángulo que tiene como medidas los segmentos, $\overline{AB}$ y $\overline{CH}$, es decir, la medida de la altura relativa al lado AB; por tanto, considerando el rectángulo, tenemos que:

$A_{\text{triángulo}}$ = (longitud del lado × medida de la altura relativa) ÷ 2.

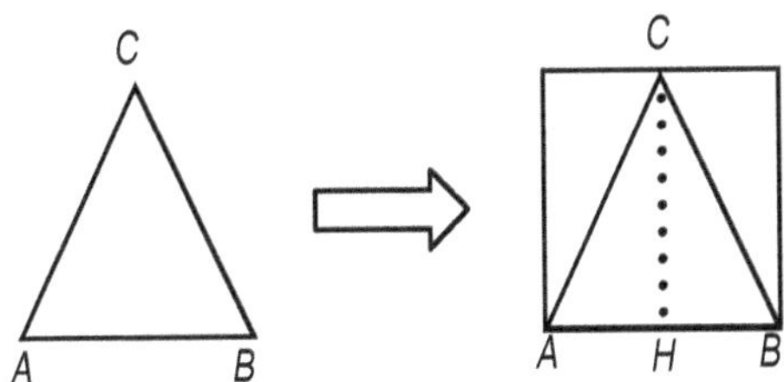

En el caso del paralelogramo *ABCD*

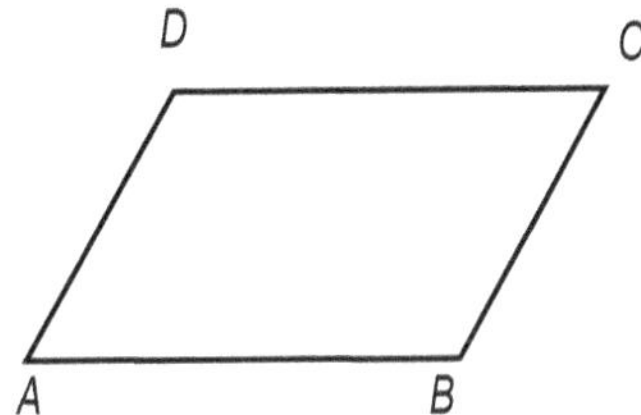

se "corta" un oportuno triángulo *ADH*

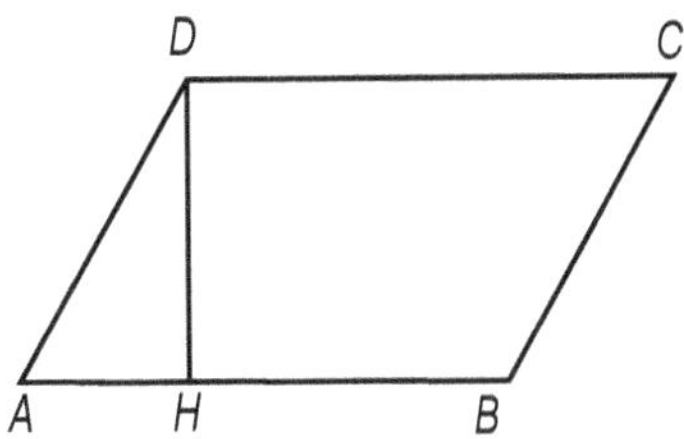

y se "transporta" a la posición *CBK*.

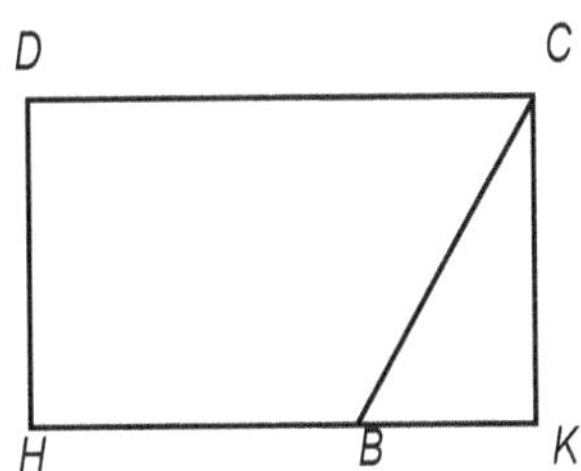

El rectángulo obtenido *HKCD* tiene superficie igual al paralelogramo de partida *ABCD*, por tanto tienen igual área; de esto se deduce que el área del paralelogramo se encuentra multiplicando la medida del lado (generalmente llamado "base") por la medida de la altura relativa a este.[9]

Equi-descomposición implica equi-extensión

Haciendo todo esto, se da por descontado un hecho de extraordinaria importancia: si dos polígonos son equi-descomponibles, entonces son también equi-extensos.

Se trata de uno de los enunciados de la matemática que se acepta como verdadero por una supuesta evidencia y que no se demuestra (por lo menos no en los primeros niveles); lo podemos llamar "axioma". Debemos ser conscientes de este hecho, por lo menos como docentes.

Rombo y trapecio

Si tenemos un rombo, siendo un paralelogramo, podemos proceder como lo hicimos anteriormente, o bien, notar que el rombo tiene una superficie que es la mitad de aquella de un oportuno rectángulo que tiene como medida de los lados consecutivos las diagonales del rombo.

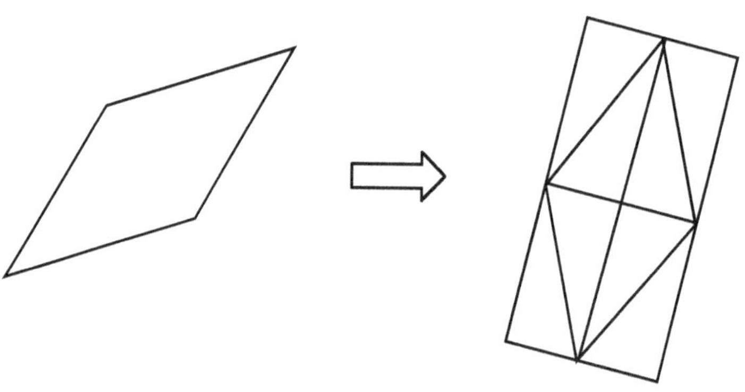

9.	Muchos de estos términos hacen parte de la tradición escolar de un país; pero, a menudo, no son usados correctamente; por ejemplo la palabra "base"; o la expresión: "la altura de…" tendría que ser "una altura de…"; etc. (Sbaragli, 2005).

Si tenemos un trapecio, se puede proceder como sigue:

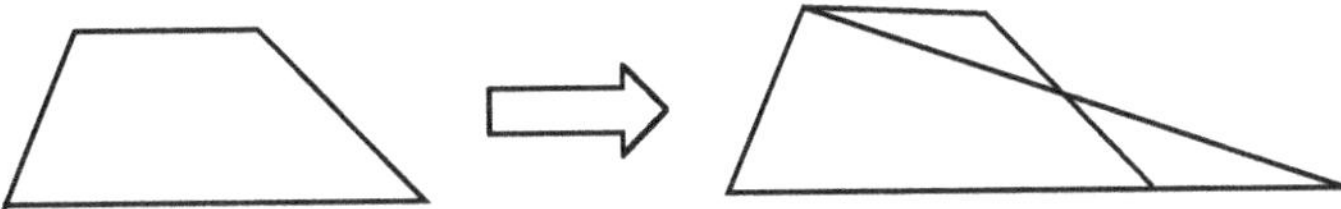

y nos encontramos con la clásica y bien conocida fórmula para determinar el área.

Polígonos regulares

En el caso de los polígonos regulares, debemos notar que la superficie de un polígono regular de n lados está formada por n triángulos iguales; basta, por tanto, encontrar el área de uno de estos triángulos y después multiplicarla por n.

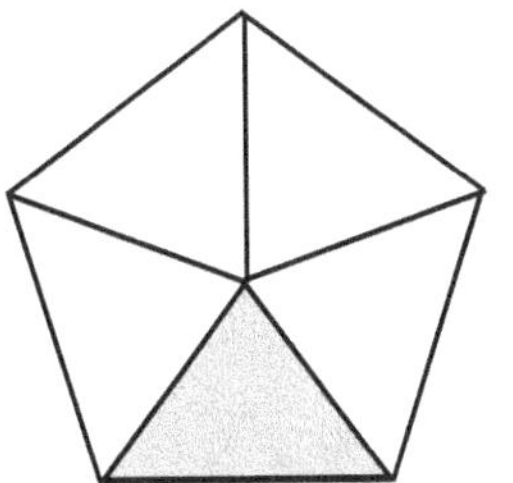 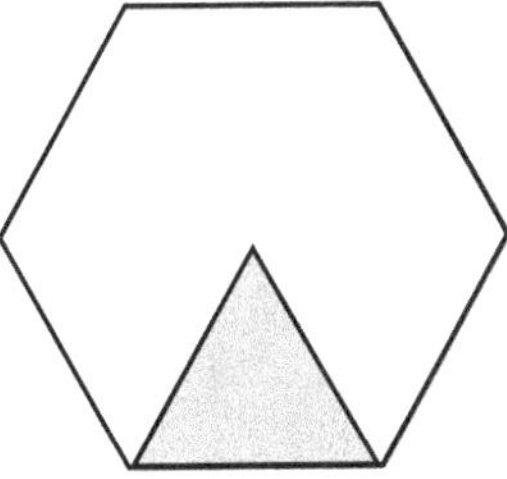

Polígono en general

Si tenemos un polígono genérico, entonces, no existen situaciones generales, sólo situaciones específicas; el polígono se descompone en partes conocidas y se mide la superficie de cada una de éstas, para después, sumar todas estas medidas.

Consideraciones conclusivas

Por tanto, si aceptamos intuitivamente el área del rectángulo como la hemos presentado, todo el resto se obtiene con un axioma intuitivo y con "cortes" oportunos.

En el tiempo de Euclides era de moda transformar todo polígono con la técnica de "cortar y pegar" en un cuadrado equi-extenso el polígono de partida; todo el libro II de su inmortal obra *Elementos* está dedicada a esta transformación (Euclides, 1970).

Existen, sin embargo, casos complejos en el momento en que se deja el mundo de los polígonos.

Por ejemplo, el área del círculo, cuyo radio mide r, mide πr^2. Pero si la figura tiene particulares formas complejas, es necesario encontrar instrumentos ingeniosos, uno de los cuales será ilustrado en el parágrafo 1.6.

Otras referencias, de carácter histórico, se darán en el capítulo 2.

1.5. Un método directo para medir el área de los polígonos: el teorema de Pick

Consideremos un plano cuadriculado y sobre éste diseñemos algunos polígonos, de forma tal que los vértices estén siempre sobre los "nudos" de la cuadrícula, como se ven representados en los siguientes tres ejemplos.

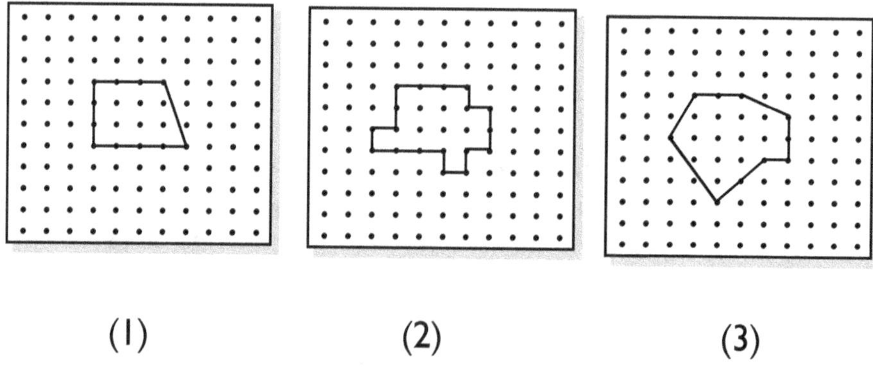

<table>
<tr><td>(1)</td><td>(2)</td><td>(3)</td></tr>
</table>

Puede suceder que algunos puntos de la cuadrícula "caen" *en los* lados, mientras otros "caerán" dentro del polígono.

Consideremos los siguientes datos:

C: número de nudos de la cuadrícula que están sobre el *contorno* del polígono.

I: número de nudos del plano cuadriculado que están *dentro* del polígono.

Veamos los valores de C y de I en los tres ejemplos precedentes.
polígono 1: C = 11, I = 6
polígono 2: C = 18, I = 5
polígono 3: C = 10, I = 12

Si consideramos el cuadrado de la cuadrícula como unidad de medida de superficie, observando atentamente los tres diseños y contando los cuadrados contenidos, es fácil notar que las áreas de los polígonos son:

polígono 1: 10,5 cuadrados
polígono 2: 13 cuadrados
polígono 3: 16 cuadrados

Pues bien, existe una relación que vincula, en general, los valores de C e I con el área del polígono, relación que fue demostrada por Georg Pick (1859-1942) en 1899:
El área de cualquier polígono sobre un geoplano está dada por:

$$A = \frac{C}{2} + I - 1$$

Esta fórmula vale siempre, pero su demostración es un poco complicada.

Georg Pick
(1859-1942)

Dicha fórmula proporciona una medida directa del área: se trata, en el fondo, de "contar" los cuadrados unidad de medida, como lo hicimos con el área del rectángulo, cuando sus medidas a y b eran números naturales; sólo contar los cuadrados de esta forma podríamos calificarla de ingeniosa.

1.6. Integrales elementales

Para poder calcular el área de una superficie de una figura cada vez más compleja, fue necesario esperar el análisis, una disciplina de la matemática por demás sofisticada, para nada elemental, que, aunque presentó sus tímidos albores incluso en el siglo IV a.C., de hecho se desarrolló sólo después del siglo XVIII. El lector puede encontrar otras referencias históricas en el capítulo 2.

Nuestra intención es dar, por lo menos, la idea de cómo funciona la determinación del área en este caso, con una operación que se llama "integración". (Advertimos de inmediato al lector culto y malicioso, que conocemos perfectamente el riesgo que corremos al simplificar al máximo una idea que no es simple; dicho lector aprecie, por lo menos, el esfuerzo que estamos haciendo).

En un plano cartesiano con ejes x y y de origen O, supongamos que representamos una parte de la curva $y = f(x)$, entre los puntos A y B en el eje de las abscisas.

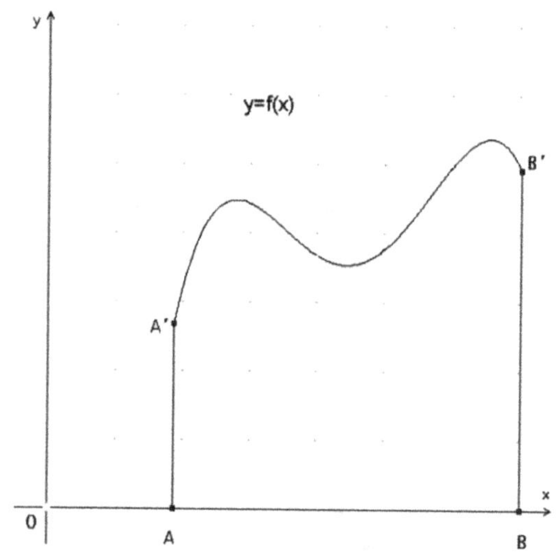

Consideramos la superficie que tiene como contorno: el segmento *AB*, el segmento *BB'*, la parte de $y = f(x)$ comprendida entre *A'* y *B'* y el segmento *A'A*.

Queremos determinar el área de dicha superficie. Dividimos el segmento *AB* en *n* segmentos iguales; de los extremos de dichos segmentos trazamos rectas paralelas al eje *y*, hasta encontrar la curva $y = f(x)$; obtendríamos "tiras" cuya suma es la superficie de la cual queremos determinar el área.

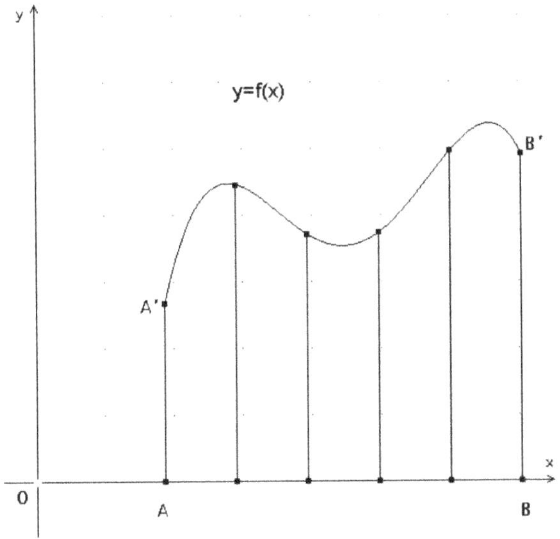

(Tal vez es útil notar que si x es la abscisa de un punto *P* sobre la curva, entonces $f(x)$ es su ordenada).

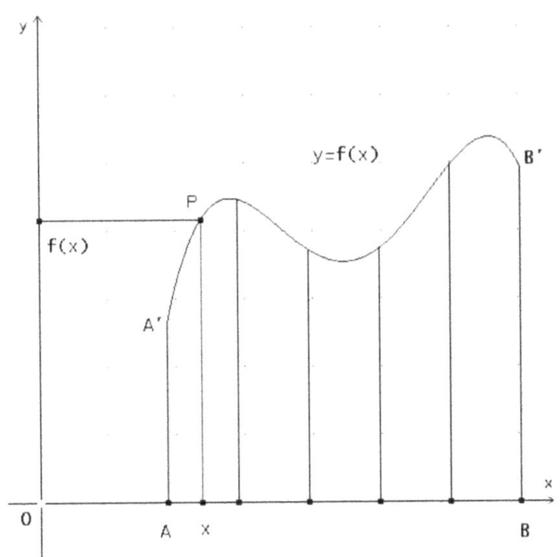

Podemos considerar rectángulos "inscritos" en dicha superficie y "circunscritos" a la misma.

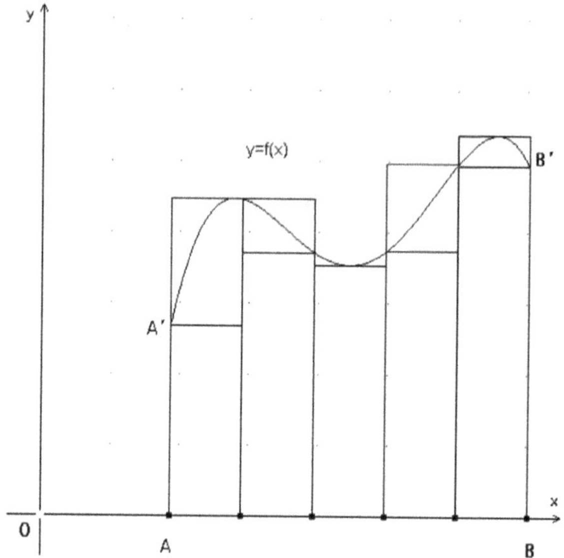

La suma de los primeros rectángulos (internos a la superficie que se está midiendo) da la medida de una superficie que se aproxima *por defecto* a la medida de la superficie buscada; la suma de los segundos (una parte de estos externa a la superficie que se está midiendo) la aproxima *por exceso*.

Si el número *n* crece, las dos aproximaciones son siempre mejores y su diferencia disminuye; las dos *tienden* a la medida de la superficie que se está buscando.

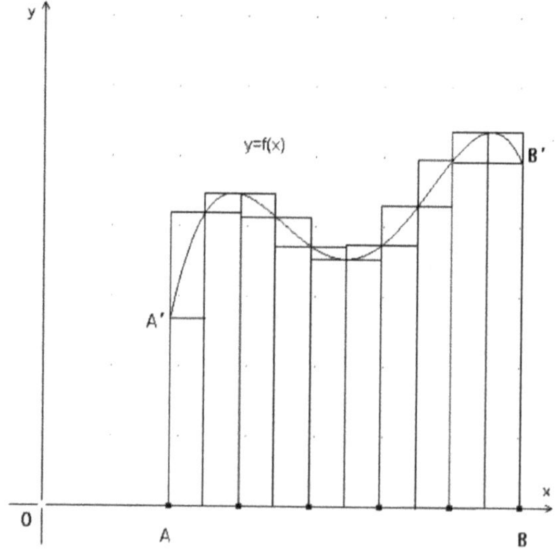

Se postula, partiendo de una especie de intuición, que si n crece al infinito, entonces los rectángulos ("inscritos" y "circunscritos") serán tan "delgados" que la suma de sus superficies coincide y por tanto coincide con la superficie buscada.

La medida de cada uno de dichos rectángulos es:

- la "base": $\dfrac{\overline{AB}}{n}$ con n que *tiende al* infinito, en el eje de las abscisas; este fragmento infinitésimo lo llamamos dx;
- la altura relativa: $f(x)$ dependiendo del valor de x en AB; habíamos ya evidenciado cómo $f(x)$ expresa la ordenada de los puntos de la curva $y=f(x)$, al variar la abscisa x;
- el área de cada uno de los rectángulos es por tanto $f(x)\times dx$, que se puede escribir: $f(x)dx$.

Ahora bien, si hacemos la suma de todas estas infinitas áreas encontraremos el área que deseábamos; dicha "suma" de infinitos términos se llama "integral" y se indica con el símbolo: $\int$; la operación que hemos descrito se escribe, en general: $\displaystyle\int_{A}^{B} f(x)dx$.

Con oportunos instrumentos y gracias al estudio de tantos matemáticos en casi tres siglos de historia, hoy es posible determinar prácticamente todas las áreas de superficies planas descritas por una función f.

Pero no podemos proseguir más allá de ese punto, pues sabemos que rápidamente el camino se hace intransitable...

1.7. Relaciones entre área y perímetro

Supongamos que tenemos algunos triángulos diferentes pero todos con el mismo perímetro, es decir triángulos *iso-perimétricos.*

Supongamos que tenemos varios cuadriláteros convexos diferentes pero todos *iso-perimétricos.*

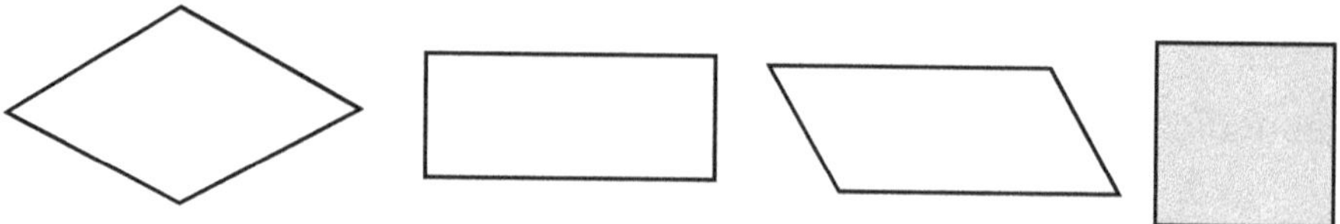

Supongamos que tenemos una cantidad de pentágonos diferentes pero todos *iso-perimétricos.*

...

Supongamos que tenemos algunos *N-gonos* convexos diversos pero todos *iso-perimétricos.*

A paridad de perímetro, ¿cuál triangulo, cuál cuadrilátero, cuál pentágono,... cuál N-gono tiene mayor superficie?

Replanteamos la situación bajo forma de problema: *entre todos los polígonos iso-perimétricos con un mismo número de lados, encontrar aquel que tiene la mayor superficie.*

Elementales cálculos geométricos muestran que, a paridad de número de lados y de perímetro, para obtener la mayor área conviene considerar el polígono regular.

Por lo tanto, entre los triángulos iso-perimétricos, el de área máxima es el triángulo equilátero; entre los cuadriláteros iso-perimétricos, el de área máxima es el cuadrado; entre los pentágonos iso-perimétricos, el de área máxima es el pentágono regular;...; entre los N-gonos iso-perimétricos, el de área máxima es el N-gono regular.

Cálculos un poco más sofisticados muestran que, entre varios polígonos regulares iso-perimétricos con un número diverso de lados, para obtener el área máxima conviene considerar el polígono que tiene el mayor número de lados.

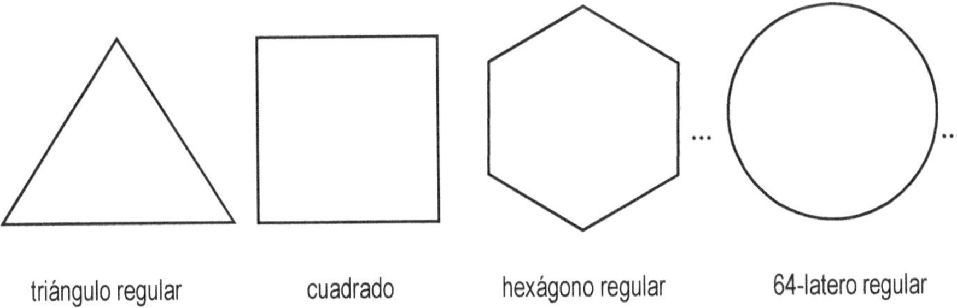

triángulo regular   cuadrado   hexágono regular   64-latero regular

Entre varios polígonos regulares iso-perimétricos, el polígono con la mayor área es el polígono con el mayor número de lados.

Por último, si pasamos de los polígonos a las figuras en general, con un pasaje que desafía la intuición, pero que puede ser demostrado con algunas operaciones, se descubre que, incluyendo el círculo entre las figuras iso-perimétricas posibles (así no sea un polígono), conviene siempre considerar esta figura si se desea obtener la máxima superficie.

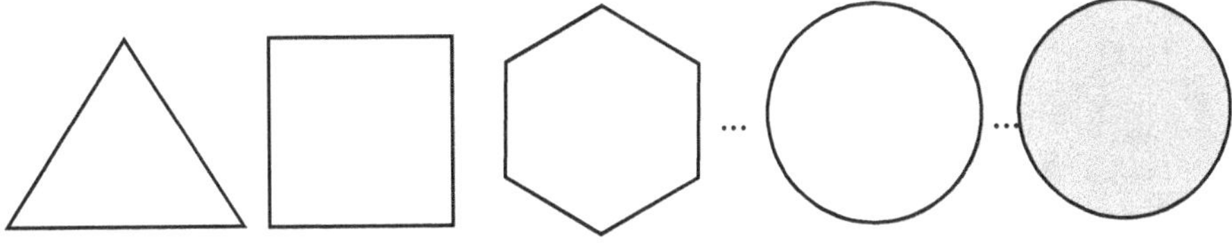

Entre todos los polígonos regulares y el círculo iso-perimétricos, la figura que tiene el área mayor es el círculo.

1.8. Ley de reciprocidad

Vale, entonces, una interesante ley de reciprocidad, estudiada por los matemáticos griegos de la antigüedad:

Si tenemos varias figuras planas equi-extensas, la de perímetro mínimo es aquella regular.

Podemos por tanto confrontar las dos propiedades que hemos enunciado, propiedades de gran interés conceptual, en una única tabla comparativa:

Figuras iso-perimétricas	Figuras equi-extensas
Entre todas las figuras planas *iso-perimétricas* aquella de *área mayor* es la figura regular.	Entre todas las figuras planas *equi-extensas* la de *perímetro mínimo* es la figura regular.

Algunas curiosidades históricas relacionadas con estos temas serán tratadas en el capítulo 2.

Capítulo 2

Área y perímetro en la historia y en la leyenda

Empecé a considerar la historia de la matemática occidental, en un sentido amplio, como respuesta a la necesidad de supervivencia y de trascendencia, y, principalmente, por las motivaciones místicas y prácticas de su desarrollo.

U. D'Ambrosio (2002).
Una riflessione sull'Etnomatematica:
perché insegnare Matematica?
La matematica e la sua didattica. Vol. 4, 356-368, p. 364.

2.1. Premisa

La investigación, en didáctica de la matemática y, principalmente, la obra pionera de Guy Brousseau de los años 70 y 80, nos ha enseñado que, cuando se debe afrontar la didáctica de un determinado argumento, es necesario, en forma preliminar, conocer a fondo su historia y, más aún, su epistemología.

Guy Brousseau, Medalla Klein 2003
por su trabajo en didáctica de la matemática

Cierto, detrás de esta sugerencia existen motivaciones culturales: dominar un argumento en su evolución histórica y en su totalidad epistemológica nos permite conocerlo mejor, más a fondo, por tanto en forma mucho más crítica y consciente.

Pero se trata también de un hecho exquisitamente profesional, de carácter explícitamente didáctico: se ha visto en los últimos decenios cómo el "error" de un estudiante está a menudo relacionado con los obstáculos epistemológicos intrínsecos al argumento objeto de estudio; sabemos hoy, por la investigación, que es cómodo y orientador reconocer los obstáculos epistemológicos a través de la historia de la matemática y de su epistemología. Esta tesis ha sido ilustrada y defendida, por ejemplo, en D'Amore (2004b).

Presentaremos en este capítulo 2 sólo algunas referencias históricas; para evitar continuas interrupciones debidas a numerosas citas, precisamos que haremos referencia explícita a los siguientes textos: Bagni, 1996; Carruccio, 1964, 1972; D'Amore, Matteuzzi, 1975, 1976; Fandiño Pinilla, 2008; Fandiño Pinilla, Sbaragli, 2001; cada uno de estos textos es, a su vez, riquísimo en citas bibliográficas.

2.2. Referencia histórica sobre los orígenes

La historia del área y del perímetro se pierde en la antigüedad remota; encontramos referencias a estos temas en los problemas que incluían la medida del contorno de figuras (parcelas de terrenos, planos de palacios, etc., o simples figuras) y de sus áreas, tanto en tabletas sumerias, de 3.000 años a. C., como en los papiros egipcios de 2.000 años a. C.

Tableta sumeria de carácter aritmético

Tableta sumeria de carácter geométrico

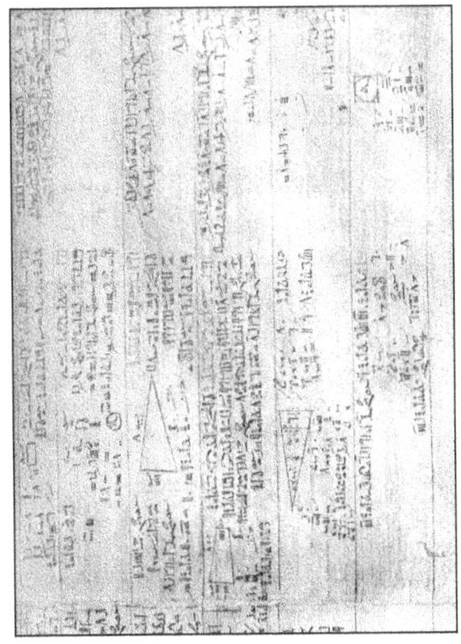

Fragmento con contenido geométrico del Papiro de Rhind, 1650 a. C.,
obra del escriba Ahmes, copia de un papiro precedente, de 1850 a. C. aproximadamente

El escriba Ahmes (1650 a. C.), autor del papiro de Rhind

En muchos de estos extraordinarios documentos se pueden encontrar reglas para hallar el perímetro y el área de una determinada figura. Por ejemplo, existen tabletas sumerias en las cuales se pide determinar el área de un cuadrado, dada la medida de la diagonal; o el área de un hexágono regular dado el lado.

Tableta sumeria: dada la medida de la diagonal de un cuadrado, encontrar el área

Existen también papiros egipcios, del 1800 a. C., e incluso precedentes, en los cuales se proponen problemas análogos, generalmente relacionados con parcelas de terrenos.

Por otra parte, el estudio de la geometría era apreciado notablemente en las cortes egipcias; si pensamos que el "tendedor de cuerdas" (*arpedonaptai* en griego), más o menos nuestro actual "aparejador" o "agrimensor", tenía en la corte un puesto de renombre y se le dedicaban elegantes estatuas y grandes honores.

Los tendedores de cuerdas eran personajes importantes e influyentes
en la corte, tanto como para tener el derecho a estatuas, al mismo
nivel de faraones y sacerdotes

Un tendedor de cuerda egipcio en acción,
después de una inundación del Nilo

Escriba en acción en el antiguo Egipto en un cálculo del impuesto
pagado en mercancías alimenticias

2.3. Área y perímetro en los Griegos y desarrollos elementales sucesivos

Entre los griegos precedentes a Arquímedes (287-212 a. C.), que hicieron grandes aportes para la demostración de las fórmulas del cálculo de áreas y volúmenes (para los perímetros las fórmulas son generalmente banales resultados de intuiciones), se distinguieron Tales de Mileto (¿624-548? a. C.), Pitágoras de Samos (¿580-500? a. C.), Demócrito de Abdera (quien nació al rededor de 460 a. C.), Eudoxio de Cnido (¿400-347? a. C.), Euclides de Alejandría (siglo IV-III a. C.), Heron de Alejandría (siglo III-II a. C.).

Tales de Mileto
(¿624-548? a. C.)

Pitágoras de Samos
(¿580-500? a. C.)

Demócrito de Abdera
(nació en 460 a. C. aprox.),

Eudoxio de Cnido
(¿400-347? a. C.)

Euclides de Alejandría
(IV – III sec. a. C.)

Heron de Alejandría
(II sec. a. C.)

Arquímedes de Siracusa
(287-212 a. C.)

A Demócrito se le atribuye el mérito, por ejemplo, de haber encontrado la fórmula para el cálculo del volumen de la pirámide; en verdad, indicaciones de dividir por 3 el producto del "área de la base" por la altura relativa a dicha base, circulaban ya en los papiros egipcios; tal vez, Demócrito fue el primero en encontrar la demostración general de este hecho:

$$V_{\text{pirámide}} = (A_{\text{base}} \times \text{altura}) \div 3$$

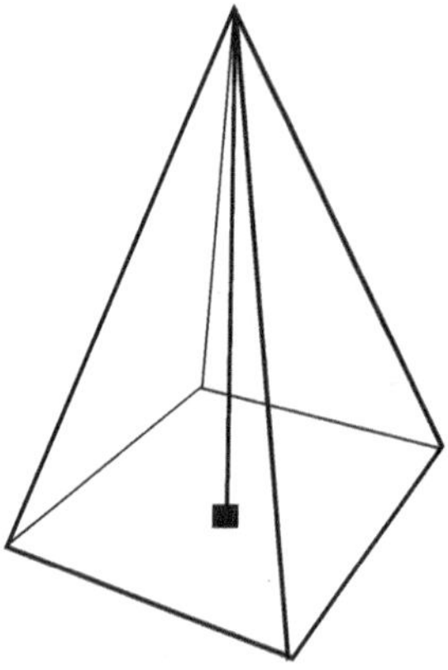

Cuando se habla del genio matemático griego, se tiende a compactar cronológicamente dicho período; pero, hay que tener en cuenta que las fechas de nacimiento y muerte de estos grandes personajes son inciertas, pues se trata de cuatro siglos, una distancia que supera a aquella entre Galileo y Einstein...

Tales (¿624-548?)

Pitágoras (¿580-500?)

Demócrito (¿460-400?)

Eudoxio (¿400-347?)

Euclides (IV-III sec.)

Heron (III sec.-II sec.)

Arquímedes (287-212)

A este período de gran esplendor de la matemática griega, siguió un período de menor empeño en el estudio de la geometría, debido a causas sociales diversas; el estudio de la geometría volvió a retomar interés sólo durante el siglo XV, en pleno Renacimiento; sobre este punto volveremos más adelante.

Queremos subrayar que en el Medioevo las necesidades culturales en geometría eran satisfechas por algunos textos de moda escritos en italiano antiguo que circulaban bajo el nombre de *geometria practica* y que eran usados por aparejadores, peones, funcionarios de estado, capataces, maestros de obra e incluso por arquitectos. Leer a Euclides directamente era impensable, pues su obra se había perdido y las pocas versiones parciales que circulaban estaban escritas en griego y sólo en pocas ocasiones en latín, mientras que las personas que usaban la geometría, en gran parte, no tenían el dominio de ninguno de estos dos sofisticados idiomas.

Entre los autores de las grandes obras de este tipo, encontramos a Leonardo, hijo de Bonaccio, el Pisano; pero, no siempre estas obras eran igualmente precisas o correctas.

Leonardo Pisano
(1180-1250)

Por ejemplo, en la *Praticha di geometria e tutte misure di terre* de Tommaso della Gazzaia ("podestá" de Lucca del 28 enero al 29 julio 1387, por tanto personaje político de importancia), encontramos la siguiente indicación dada a los notarios y a los campesinos para medir el área de los campos con la forma de un paralelogramo:

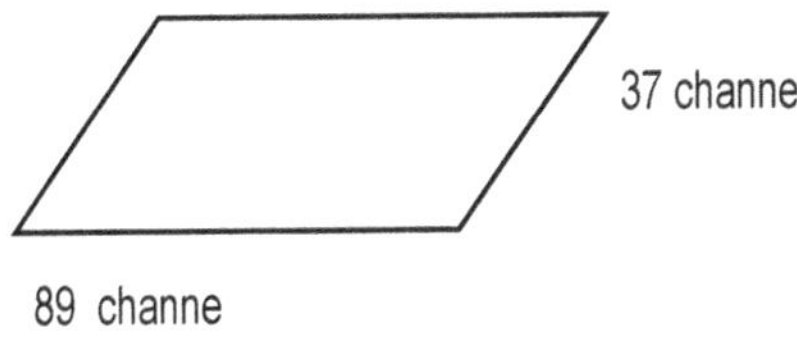

"(...) multiplicare l ampiezza contra la lunghezza cioe 37 via 89 fanno 3293 e tante channe quadre e tutto quello terreno cioe 3293 e chosi di qualunque misura noi avessimo detto sempre multiplica l ampiezza contra la lunghezza ed avrai lo quadro di qualunque quantitade o misura si fosse detto",[10] indicación patosa que nos dice cuál era, en ocasiones, la "competencia" popular de la época.

2.4. Casos más complejos: circunferencia, elipse …

Los cálculos de las áreas de las figuras planas más comunes eran ya conocidos en tiempo de Tales y mucho antes, y perfectamente demostrados en tiempo de Euclides; pero, cuando la figura se complica, como en el caso de la circunferencia o de la elipse, entonces debemos esperar matemáticos mucho más sofisticados, como Arquímedes (287-212 a. C.), como lo veremos más adelante.

Recorramos brevemente la interesante historia de la medida de la circunferencia y del área del círculo.

Sistemas aproximados para dichos cálculos estaban ya presentes tanto en las tabletas asirías, como en las babilónicas y en los jeroglíficos egipcios.

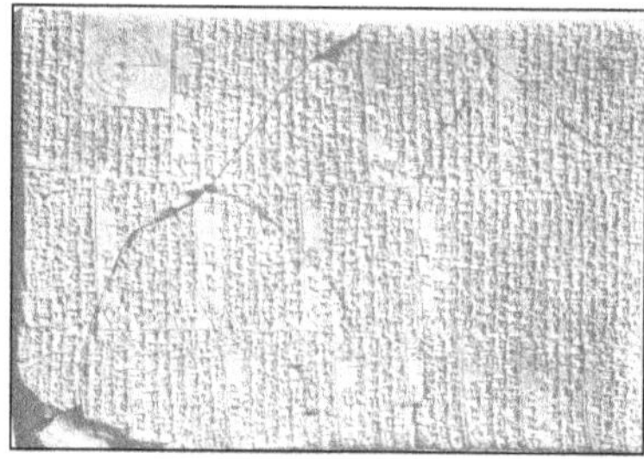

Tableta babilona con cálculos sobre la circunferencia

---

10.   "(...) multiplicar el ancho por el largo, es decir, 37 por 89 que da como resultado 3.293 y tantas cañas cuadradas y todo aquel terreno es decir 3.293 y así de cualquier medida nosotros tendremos que decir siempre: multiplica el ancho por el largo y tendréis el cuadrado de toda cantidad o medida se haya pedido". La traducción es nuestra.

Por ejemplo, todos saben, *hoy,* que la longitud de la circunferencia de radio *r* mide $2\pi r$, pero pocos saben, aún *hoy,* cómo interpretar este extraño valor π, y son muchos los que creen que simplemente vale 3,14 o, tal vez, 3,1416.

Tal vez es necesario hacer notar, explícitamente, que el símbolo π utilizado para indicar la relación constante entre la medida de la circunferencia y su diámetro (relación constante para todas las circunferencias) fue introducido sólo en el siglo XVIII, por Leonhard Euler.

Leonhard Euler
(1707-1783)

Por tanto, independientemente del símbolo usado,[11] por milenios se ha pensado que la relación, reconocida desde la antigüedad como constante, debería tener un bien determinado valor racional, es decir del tipo $\dfrac{a}{b}$, con *a* y *b* naturales; para los egipcios era cercano a 3,16049..., para los sumerios 3,125..., para los hebreos simplemente 3 (como se lee en la *Biblia,* en el *I Libro de los Reyes,* cap. VII, versículo 23, y en *Crónicas* 2, cap. IV, versículo 2).

---

11.   De hecho, en la antigüedad, generalmente no se usaban símbolos.

En la obra de Euclides no se encuentran fórmulas para el cálculo de las medidas de circunferencia y círculo; en el teorema 2 del libro XII de *Elementos*, se encuentra que los círculos son proporcionales entre ellos como los cuadrados de los respectivos diámetros, lo que contiene implícitamente la medida del círculo de determinado diámetro; nada se encuentra a propósito de la medida de una circunferencia de determinado diámetro.

El griego Brison di Eraclea (V-IV sec. a. C.) propuso la medida racional $\frac{22}{7}$,contestada por Aristóteles de Stagira (384-322 a. C.), pero aceptada implícitamente por Dante en el *Infierno* (pero no en el XXXIII del *Paraíso*).

Aristóteles de Stagira
(383-322 a. C.)

Dante Alighieri
(1265-1321)
Retrato de Giotto de Bondone

Este Brison, de quien se tienen pocas noticias, era, tal vez, hijo del gran histórico Erodoto de Alicarnaso (¿484?-425 a. C.), fue alumno de Sócrates de Atenas (469 o 470-399 a. C.) y de Euclides de Megara (450-375 a. C.); su idea era la de inscribir y circunscribir polígonos regulares en un determinado círculo y después hacer la media de sus perímetros, convencido que esto llevaría a determinar con regla y compás un valor racional que pudiera expresar la relación entre la longitud de una circunferencia y su diámetro.

Aunque el razonamiento presenta varias lagunas, como lo evidencia Aristóteles, estamos frente a un verdadero y propio intento moderno que dará sus frutos sólo siglos después.

Arquímedes de Siracusa estableció para π no tanto un determinado valor, cuanto un intervalo, entre $3+\dfrac{1}{7}$ (es decir 3,140845...) y $3+\dfrac{10}{71}$ (es decir 3,1428571...), dando la impresión de haber comprendido que encontrar el valor exacto en forma unívoca fuese una empresa imposible o, por lo menos, compleja. Pero, para Arquímedes era imposible comprender *en verdad* como estaban las cosas, porque aún estaba muy lejos de los instrumentos matemáticos oportunos.

Sólo C. L. Ferdinand von Lindemann (1852-1939) en 1882, después de más de 2.000 años, entendió la verdadera naturaleza de π, mostrando que se trata de un número real trascendente; cuyo valor es: 3,1415926 535897932384626433832795028841971693993751058209794459 23078164062862... y se puede continuar al infinito encontrando cifras perfectamente determinadas sin encontrar nunca ni una cifra final ni un período; por tanto se trata sí de un número irracional, es decir, *no* exprimible en la forma $\dfrac{a}{b}$ con *a* y *b* naturales; pero también "trascendente" que significa mucho más, significa que no existe una ecuación algebraica de grado *n* para cualquier *n*, $a_0x^n + a_1x^{n-1} + a_2x^{n-2} + ... + a_{n-1}x + a_n = 0$ que tenga como raíz π.

C. L. Ferdinand von Lindemann
(1852-1939)

Todos saben *hoy* que el área de la circunferencia de radio *r* mide πr^2. En un papiro egipcio de 1500 a. C. se encuentra la siguiente fórmula para determinar el área del círculo de diámetro *d*: $A = \left(d - \dfrac{d}{9} \right)^2$; de donde se deduce que la constante π para los egipcios de dicho período valía $\left(\dfrac{16}{9} \right)^2$ es decir aproximadamente 3,1329...

2.5. La cuadratura del círculo

Por muchos siglos, los griegos buscaron una fórmula que les permitiera transformar la superficie de un círculo de radio *r* en la de un cuadrado de lado *l*, con *l* en términos de *r*; dicho problema se llama: *problema de la cuadratura del círculo.*

Encontrar una expresión de *l* en términos de *r*

Este problema fue resuelto por varios matemáticos, por ejemplo por Dinóstrato en el siglo IV a. C., recurriendo a instrumentos matemáticos simples pero aplicados a una curva compleja estudiada un siglo antes por matemáticos de la escuela sofista, y por tantos otros, pero siempre haciendo uso de instrumentos laboriosos o de curvas particularmente elucubradas. Aún apreciando estas soluciones, los griegos no estaban satisfechos, dado que consideraban elegante y digna de atención la resolución de un problema geométrico sólo cuando en ésta se usaban como instrumentos únicamente la "regla" y el "compás", es decir era considerado elegante y digno de exaltación sólo el uso de rectas, cir-cunferencias y sus intersecciones.[12]

---

12. Haciendo honor a la verdad, los matemáticos griegos después de Aristóteles, por tanto incluso el mismo Euclides, evitaron atentamente (incluso desde un punto de vista terminológico) el uso de "rectas" (en cuanto objetos actualmente infinitos) y admitieron sólo el uso de "segmentos prolongables", es decir objetos sólo poten-cialmente infinitos; la cuestión filosófica es sutil pero en la bibliografía por nosotros indicada al inicio del presente capítulo está ampliamente tratada. Por simplicidad, en esta sección haremos uso del término "recta".

Más explícitamente:

Un problema se dice resoluble con regla y compás cuando consta de un número finito de sólo y únicamente las siguientes operaciones de base:

- dados dos puntos diferentes, encontrar la recta que pasa por estos;
- dado un punto y un segmento, encontrar la circunferencia que los tiene respectivamente como centro y como radio;
- dadas dos rectas, encontrar el eventual punto de intersección;
- dada una recta y una circunferencia, encontrar los eventuales puntos de intersección;
- dadas dos circunferencias, encontrar los eventuales puntos de intersección.

Una y mil veces intentaron encontrar la cuadratura del círculo sólo con regla y compás, pero no lo lograron, ni ellos ni ningún otro, nunca.

El hecho es que, desde un punto de vista moderno, resolver un problema geométrico con regla y compás significa lograr que la relación entre *l* y *r* pueda ser expresada a partir de una ecuación racional cuyas soluciones puedan ser encontradas usando sólo operaciones racionales (adición, sustracción, multiplicación y división) y la raíz cuadrada. Pues bien, con base en lo afirmado líneas arriba, en 1882 se estableció que esto era imposible.

Es por tanto incorrecto usar, como en ocasiones se escucha decir a periodistas y políticos, "el problema de la cuadratura del círculo" como sinónimo de "cosa imposible", porque, por el contrario, existen varias formas de encontrar la solución, formas antiguas y modernas; lo que en verdad es imposible es encontrar una solución haciendo *sólo* uso de regla y compás.[13]

---

13. Por esto, recientemente fue necesario revisar la interpretación clásica de los versos 133-138 del canto 33 del *Paraíso* de Dante, desde siglos explicados incorrectamente por críticos literarios que evidentemente no conocían esta distinción (véase, por ejemplo, D'Amore, 2001b).

2.6. La determinación del área de otras superficies y el nacimiento de la geometría analítica

Si la circunferencia es causa de todas estas preocupaciones, pensemos lo que puede significar medir una elipse, ya sea su contorno o su superficie.

De hecho lo logró Arquímedes con estratagemas matemáticos elegantes; resultados que después fueron encontrados por Bonaventura Cavalieri (1598-1647).

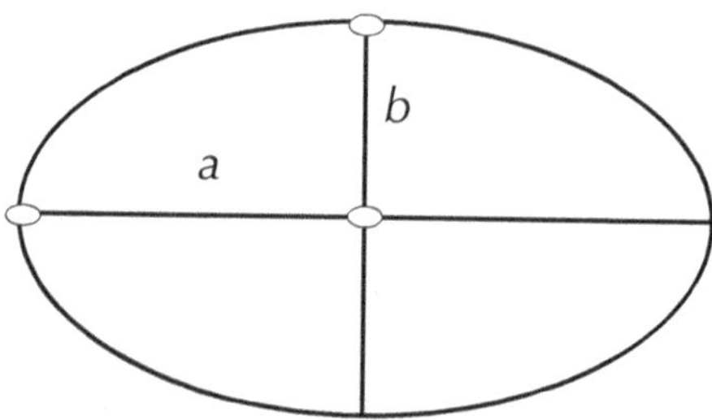

El área de la elipse cuyos semi-ejes miden a y b es: πab.

Bonaventura Cavalieri
(1598-1647)

Así mismo, se debe a Arquímedes el cálculo del área del segmento de parábola, resultado obtenido también por Cavalieri.[14] Arquímedes demostró por vía sintética, usando métodos aritméticos sofisticados pero laboriosos, que el área de un segmento de parábola es igual a los $\dfrac{2}{3}$ del área del rectángulo circunscrito al segmento de parábola mismo.

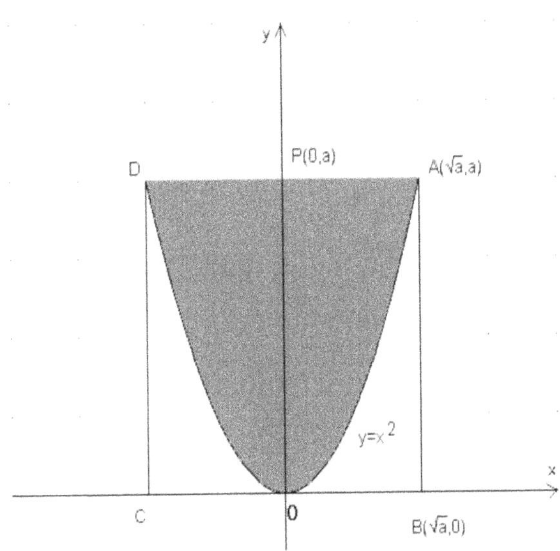

Segmento de la parábola $y=x^2$ inscrito en el rectángulo de dimensión $2\sqrt{a}$ y a, por tanto de área: $\dfrac{4a\sqrt{a}}{3}$

El lector habrá ya notado con asombro que: se pasa del 200 a.C. al 1.600 d.C. Este salto de siglos es de extremo interés no sólo para la historia de la matemática.

Tal vez este paréntesis de 18 siglos se debe al hecho que la geometría interesaba muy poco a los romanos que dominaron el mundo cono-

---

14. En realidad, tanto Arquímedes, en forma elegante, como Cavalieri, encontraron volúmenes generales de elipses que giran en torno a sus ejes, volúmenes de segmentos de parábola que giran al rededor de su eje y volúmenes de esferas; pero el argumento volumen excede el objetivo de nuestro libro.

cido después de Arquímedes y hasta el 500 d.C.; nótese que la fecha de muerte de Arquímedes, el 212 a.C., coincide con la conquista de Siracusa, su patria, por parte del cónsul Marcelo, conquista necesaria para la derrota de Cartago y para la victoria de la II guerra Púnica por parte de Roma.

212 a.C.: Roma conquista Siracusa, pero pierde a Arquímedes.
Un famoso mosaico

Efectivamente, la geometría se desarrolló muy poco durante el Medioevo, si bien no faltaron estudiosos de una cierta importancia; el estudio de la geometría volvió a adquirir valor sólo en el Renacimiento, con los estudios artísticos en el campo de la perspectiva, gracias básicamente a Albrecht Dürer (1471-1528) y más aún a Piero della Francesca (1416-1492) el autor del valiosísimo libro *De prospectiva pingendi*.

Albrecht Dürer
(1471-1528)

Piero de la Francesca
(1416-1492)

Piero, La flagellazione di Cristo (La flagelación de Cristo), Urbino: Galería Nacional delle Marche
Diseño en tabla 59×81,5 cm, fechado 1460 aprox.
Firmada en la escalinata debajo del faldistorio de Pilatos:
OPUS PETRI DE BURGO SCI SEPULCRI

La verdad es que la geometría de los griegos, de los matemáticos del Medioevo y de los matemáticos-pintores del Renacimiento es de tipo "sintético", es decir obtenida con el diseño de figuras y de sus transformaciones, las misma transformaciones que, aún hoy, se usan en la escuela primaria y al inicio de la secundaria. Mientras que en el Renacimiento y gracias principalmente a la obra de François Viète (1540-1603) y de René Descartes (1596-1650), nace una forma totalmente nueva de concebir la geometría, llamada "analítica", que llevó a una gran revolución y a un notable despertar de los estudios geométricos.

François Viète
(1540-1603)

René Descartes
(1596-1650)

Precisamente entre estas dos modalidades (sintética y analítica) de concebir la geometría, se dedicó a trabajar Bonaventura Cavalieri, citado líneas arriba, ejemplo de matemático que, aún sin conocer directamente la obra de Arquímedes (o conociéndola sólo en una mínima parte), se dedicó a rehacer, con instrumentos que estaban empezando a circular, todo aquello que el Siracusano ya había hecho 1.800 años antes por vía exclusivamente sintética.

Bonaventura, fraile de la orden de los Gesuatos[15] y docente universitario, así como prior en la iglesia de Santa Maria de la Mascarella en Bologna, reabrió al mundo el camino para encontrar áreas de superficies de figuras planas complejas (para no hablar de volúmenes, que exceden nuestro estudio).

En cierto sentido, nada agregaron a lo que ya se sabía, pero de otra parte, y nosotros lo sostenemos, abrieron el camino a métodos revolucionarios, modernos, métodos que hoy nos permiten entender y usar el extraordinario instrumento matemático llamado análisis.

2.7. Figuras aún más complejas: la contribución del análisis

Para lograr determinar la medida de la longitud de los contornos y de las superficies de figuras más complejas, fue necesario esperar el análisis, ideado por Isaac Newton (1642-1727) y Gottfried Wilhelm Leibniz (1646-1716), contemporáneos, como se deduce, y empeñados en frentes matemáticos completamente diversos.

Isaac Newton
(1642-1727)

Gottfried Wilhelm Leibniz
(1646-1716)

---

15. No "Jesuitas", como erróneamente afirman muchos. La orden de los Gesuatos se dedicaba a reducir el sufrimiento de quien tenía la peste, para lo cual usaban licores especiales.

Monumento a Isaac Newton, en la abadía de Westminster,
hecho famoso por una reciente novela

A Leibniz se le atribuye la invención del símbolo de integral, $\int$, inicial de "suma", que hemos conocido en el capítulo 1.

Sobre este aspecto no profundizamos, teniendo en cuenta que algunos de estos temas ya fueron tratados suficientemente.

Puede ser curioso saber que incluso Leonardo da Vinci (1452-1519) se lanzó en el cálculo del área de superficies planas y de contornos no rectilíneos; y propuso (en el *Código Atlántico*) la idea de sobreponer "cabellos sutilísimos" hasta recubrirlos; que nos lleva a pensar, reconociendo la ingenuidad de la idea, que Leonardo haya intuido un camino similar al de Cavalieri antes y de Leibniz después, pero que le era imposible seguirlo dado que no poseía los instrumentos matemáticos necesarios (Bagni, D'Amore, 2007).

Auto-retrato de Leonardo da Vinci
(1452-1519)

2.8. Relaciones entre área y perímetro

En cuanto nos concierne, además de la historia específica del área y del perímetro, a nosotros nos interesan las relaciones entre estos dos conceptos.

Ya hemos visto algunos aspectos matemáticos en el capítulo 1; desde un punto de vista histórico, algunos teoremas presentes en la obra *Elementos* de Euclides son el punto de partida para la obra sucesiva de Heron de Alejandría dedicada precisamente al estudio de las relaciones entre área y perímetro y en particular para establecer cuáles son los polígonos antes, y las figuras después, de área máxima, a partir del perímetro o de la longitud del contorno.

Se parte da una elegante fórmula, llamada precisamente "de Heron", para calcular el área de un triángulo cualquiera, dada las medida de los tres lados, a, b, y c y calculando el semi-perímetro p (por tanto, $p = \dfrac{a+b+c}{2}$): $A_{\text{triángulo}} = \sqrt{p(p-a)(p-b)(p-c)}$.

A partir de dicha fórmula, es relativamente fácil verificar que, con igual p, se tiene área máxima cuando $a=b=c$, es decir cuando el triángulo es equilátero.

El hecho se puede extender a todos los N-gonos regulares iso-perimétricos, como lo estudiamos en el capítulo 1; para después pasar al círculo.

Igualmente se puede extender al espacio y discurrir de volúmenes, cosa que aquí evitamos dado que está fuera de nuestro tema.

La herencia de Heron fue recogida por Zenodoro, quizás un contemporáneo, pero en particular por Pappus de Alejandría (III siglo d. C.), uno de los pocos estudiosos de la geometría digno de ser recordado después de Arquímedes hasta la llegada del Renacimiento.

Es precisamente a Heron y a Zenodoro a quienes se debe la formulación y la demostración de la elegante "ley de reciprocidad" que estudiamos en 1.8.

En el quinto libro de su obra principal, *Synagoge* o *Colección matematica*, Pappus presenta prácticamente todos los resultados conocidos hasta su tiempo, después de haber alabado el instinto geométrico animal y principalmente el de las abejas, que actúan en perfecta armonía con los resultados de la matemática, ciertamente bajo la "persuasión de los dioses".

La cuestión fue retomada y generalizada en forma admirable en la primera mitad del siglo XIX, principalmente por obra de Jacob Steiner (1796-1863) quien encontró y demostró, en general, todos los teoremas de Euclides, Zenodoro y Pappus, con métodos modernos. Steiner extendió la ley de reciprocidad a casos más generales, pero no nos parece conveniente tratarlos aquí.

Jacob Steiner
(1796-1863)

2.9. Una intervención ilustre para nuestro tema: Galileo Galilei

Volvamos al Renacimiento. Si bien los conocimientos matemáticos sobre dichos temas parecen ser ampliamente conquistados, de hecho no eran difundidos ni siquiera entre personas cultas. Recordemos un ejemplo emblemático que nos parece significativo.

Líneas atrás citamos la obra de Galileo Galilei *Discorsi intorno a due nuove scienze attenenti alle meccanica e i movimenti locali*, que publicó en 1638 y que tanta polémica produjo en los años siguientes (Galilei, 1638-1964).

Galileo Galilei
(1564-1642)

En la primera parte, en la página 629 de la edición citada por nosotros en la bibliografía, se encuentra la siguiente afirmación de Sagredo, uno de los tres "interlocutores" protagonistas del dialogo:

"(...) ignorando que puede ser un recinto igual a otro, y la plaza contenida por éste mayor que la plaza del otro, lo que sucede, no sólo entre las superficies irregulares, sino [también] entre las regulares, de las cuales aquellas de mayor lado tiene siempre mayor capacidad que aquellas de menor lado, hasta llegar por último al círculo, como polígonos de lados infinitos, que es el de mayor capacidad entre todos los polígonos de igual circuito; de lo que recuerdo con gusto particular viendo la demostración mientras estudiaba la Sfera de Sacrobosco con un doctísimo comentario".[16-17]

Galileo nos ofrece dos reflexiones sobre el tema que nos interesa:

- En la segunda afirma lo que vimos en el capítulo 1 a propósito del hecho de que, entre todas las figuras planas con contorno de igual medida, el círculo es el de área máxima.
- En la primera afirma que no existen relaciones necesarias entre área y perímetro; podemos forzar un poco la mano a Galileo y proponer el "problema de las plazas del pueblo" que retoma en forma explícita su frase, de manera problemática: "Un pueblo tiene dos plazas A y B; el perímetro de la plaza A es mayor del perímetro de la plaza B; ¿cuál de las dos plazas tiene mayor área?". Obviamente una única respuesta no hay, muchos responden "A", por una falsa relación que consideran necesaria:

$$\text{mayor perímetro} \longrightarrow \text{mayor área}$$

---

16. "(...) ignorando che può essere un recinto eguale a un altro, e la piazza contenuta da questo assai maggiore della piazza di quello: il che accade non solamente tra le superfici irregolari, ma [anche] tra le regolari, delle quali quelle di più lati son sempre più capaci di quelle di manco lati, sì che in ultimo il cerchio, come poligono di lati infiniti, è capacissimo sopra tutti gli altri poligoni di ugual circuito; di che mi ricordo averne con gusto particolare veduta la dimostrazione studiando la Sfera del Sacrobosco con un dottissimo commentario sopra". Traducción nuestra.

17. Aquí, Galileo se refiere a la obra *La sfera* de John de Holywood, cosmógrafo inglés del siglo XIII, conocido con el seudónimo de Sacrobosco; se trata de un texto de astronomía popular, un precursor de divulgación científica de gran valor. El Sacrobosco fue también traductor de altísimo nivel de obras matemáticas antiguas.

Galileo parece adoptar una actitud sarcástica con quienes, cultos o ignorantes, científicos o artistas, tienden a responder "A". La reacción de Galileo es significativa pero los resultados de nuestra investigación, cuyas entrevistas iniciaban, la mayor parte de las veces, con el enunciado de este problema, demuestran que en más de cinco siglos el mundo no ha cambiado mucho en esta materia...

2.10. De la historia a la leyenda: la elección de Dido

Después de haber hecho referencia a la historia, hablemos del mito; existen famosas leyendas que tienen que ver con las relaciones entre área y perímetro; entre éstas elegimos la más conocida, aquella de Dido y de la fundación de Cartago; la elegimos precisamente porque pone el dedo en la llaga, contraponiendo la idea de área a aquella de perímetro; veremos cómo es la oposición y la relación recíproca entre estos dos conceptos que se concentran las más graves dificultades de la gestión conceptual y por tanto didáctica. La mítica Cartago, en el actual golfo de Túnez, fiera opositora al extra-poder romano, fue habitada por grandes exploradores, comerciantes, más de una vez destruida por los romanos, por los vándalos, por los árabes...

Pero, ¿cómo, cuándo y por quién fue fundada Cartago?

Narra la leyenda (en los orígenes de la fundación de ciudades históricamente decisivas siempre se han creado grandes leyendas) que esto ocurrió en el 814 a. C. (por tanto mucho antes de la fundación de Roma: 735 a. C., otra famosa leyenda) por una colonia de Fenicios de Tiro, con la bella Dido a la cabeza.

Reconstrucción de una nave fenicia

Narra la leyenda, en una de sus múltiples formas, que Dido, hija del rey de Tiro, esposa de Sicheo, bella e inteligente, había acumulado una gran riqueza que era envidiada por su cuñado Pigmalione; quien planeó y llevó a término la muerte de Sicheo (y quizás la muerte del rey, padre de ambos) apropiándose así de las riquezas de Sicheo. Dido logró huir con una nave cargada de joyas, junto con algunos amigos de confianza.

Una vez alcanzada la ribera septentrional de África, pidió hospitalidad al rey de Namibia, el famoso Jarba. Éste, conmovido por el triste recuento de la náufraga y desconcertado por su belleza, decide regalarle una parcela de tierra, para que fundara un pueblo. La princesa pidió: "Jarba, no deseo aprovecharme de tu generosa hospitalidad, sólo te pido tanta tierra cuanta pueda *contener* con una piel de buey". Conmovido por una solicitud tan limitada, Jarba consintió sin tardar...

Dido y Jarba en un mosaico

Pero Dido era evidentemente versada en cosas matemáticas porque...
¿Qué significa *contener*?

En la versión de Jarba, *contener* significada tomar una piel de buey, cubrir la tierra y considerar aquella *superficie* como propiedad de Dido.

Dido, por el contrario, tenía en mente una interpretación geométrica del todo diferente. Hizo cortar la piel en tiras muy delgadas, obteniendo una cuerda, e hizo *contener* una gran parcela de tierra usando la cuerda para marcar el contorno.

En la primera interpretación, domina el *área*, en la segunda el *perímetro*.

Pues bien, cuenta la historia que el pobre Jarba, para no hacer la figura del ingenuo, concedió de buen grado el inesperado munificentísimo regalo.

Pero ahora, ¿cómo debía *contener* Didone el terreno de forma tal de poder fundar, no un pueblo, sino una gran ciudad?

De acuerdo con lo que habíamos expresado en los capítulo 1 y 2, lo más conveniente para Dido era disponer esta cuerda de piel de buey describiendo una circunferencia, para obtener el máximo posible de la tierra.

De hecho, así hizo Dido; es más, como la estupenda princesa matemática fenicia era en verdad inteligente, tomó en realidad una semicircunferencia que tenía como diámetro la ribera. Así obtuvo también un potente puerto que, como sabemos, dio luz a la historia del Mediterráneo y... tantos dolores de cabeza a Roma.

Cartago

La expansión de Cartago en el Mediterráneo

Moneda de oro cartaginense

Templo cartaginense

Sabemos muy bien que la leyenda es conocida, pero hemos visto también, en varios encuentros con docentes, que no es negativo contarla con uno u otro detalle más y con alguna imagen ilustrativa.

2.11. Conclusiones didácticas: del Saber al saber de enseñar; competencia histórica y epistemológica

En los capítulos 1 y 2 (a duras penas y demasiado rápido) tratamos el tema matemático y el tema histórico-crítico del objeto de saber matemático en cuestión: área y perímetro.

Queremos hacer explícito nuestro doble objetivo para verificar si ha sido sustancialmente logrado.

- Existe un Saber (académico) que debe ser transformado en un "saber de enseñar"; ¿todos, pero absolutamente todos, los docentes que proponen estos argumentos en el aula tienen total dominio de dicho saber? A nosotros nos parece, sobre la base de las entrevistas y de los coloquios realizados durante la investigación, que, en ocasiones, para algunos el Saber queda fuera de la portada de quien debería realizar la operación de transposición didáctica. Lo que nos hace volver a muchas de las consideraciones hechas en nuestra premisa inicial. Consideramos que cualquier contribución dada a los docentes con el fin de hacer accesible el Saber es útil. [De hecho, incluso el aquí proporcionado es el resultado de una operación de transposición didáctica hecha por nosotros: hemos pasado de un Saber (académico) a un "saber de comunicar a los docentes a través de este libro"]. Dado un tema matemático, existen por tanto un Saber y varios otros saberes; en particular nos interesa llegar a un saber que es objeto de la práctica didáctica en la escuela. Aquel Saber inicial y este último no deben entrar en conflicto, sino que el primero debe reforzar el último.
- Las competencias históricas y epistemológicas ayudan a construir un saber personal que acercan al docente al Saber (académico) y que lo hace más consciente. Además, conocer la evolución histórica de un tema, proporciona mayores instrumentos críticos de tipo profesional a quien debe evaluar recorridos de aprendizaje. Los "errores" de nuestros estudiantes a veces no son errores, sino tentativas de hacer... cuadrar concepciones precedentes en situaciones nuevas. Conocer la aventura histórica humana entrega criterios para reconocer situaciones que en ocasiones,

banalmente, son estigmatizadas como simples errores, punto y basta, sin alternativas.

Consideramos que la irrupción de la didáctica en los próximos capítulos será valiosa y concreta y que estos dos capítulos y la larga premisa serán, a partir de este momento, reconocidos como necesarios.

Capítulo 3

Cuadro teórico de las investigaciones didácticas sobre área y perímetro

Todo conocimiento es el resultado de un largo proceso acumulativo en el cual se distinguen etapas, naturalmente no dicotómicas entre sí, en las cuales surge la producción, la organización intelectual, la organización social y la difusión del conocimiento.

D'Ambrosio U. (2006).
Società, cultura, matematica e suo insegnamento.
La matematica e la sua didattica. 2, 187-221, p. 200.

3.1. Preliminares

Las reflexiones críticas sobre los problemas en el aprendizaje de los conceptos de perímetro y área de las figuras planas pueden vanagloriarse de haber sido entre las primeras en ser formuladas. Después de haberse ocupado del nacimiento del pensamiento y del lenguaje en el niño, después de la adquisición-construcción de la idea de número (en sus diversas acepciones), Jean Piaget (1896-1980) se ocupó, a partir de años 30 del siglo pasado, de las construcciones conceptuales relacionadas con la geometría.

Jean Piaget
(1896-1980)

Entre las diversas obras que aquí sería posible citar, nos limitaremos a aquellas en las cuales aparecen explícitamente el perímetro y el área o referencias a dichos conceptos (Piaget, 1926; Piaget, 1937; Piaget, Inhelder, Szeminska, 1948; Piaget, Inhelder, 1962). A estas obras de base, siguieron, en los años 60, estudios realizados por seguidores del maestro ginebrino, basados en las misma certezas tomadas de la epistemología genética, por ejemplo Vihn y otros (1964), Vihn, Lunzer (1965). Señalamos también el estudio de Battro (1969) quien repitió todos los experimentos del célebre maestro.

Son estos los estudios clásicos que han condicionado por algunos decenios los sucesivos análisis sobre el tema; estos tenían como base, principalmente, los fracasos de los jóvenes alumnos en determinados estadios-edad. En esta dirección se estudiaron, en particular y con mucha atención, las ideas de medida de una longitud y del área de una super-ficie, entre muchas otras, evidenciando la dificultad que manifiestan los estudiantes para apropiarse de la idea de superficie. En particular, la investigación demostró como, al variar la forma, el estudiante joven tiende a no ser capaz de aceptar la inmutabilidad de la medida de la superficie. Es decir, si dos figuras tienen diversa forma, *deben* tener diversa superficie.[19] También, según estas investigaciones, las dificultades

---

18.   Naturalmente, dada la edad de los entrevistados, queda siempre la duda de si se trata de significados diversos dados a cada una de las palabras. En relación con las expectativas del adulto: "alto", "bajo", "grande", "extenso", son significados que aparecen confusos y, a veces, términos entre ellos intercambiables en jóvenes sujetos.

ligadas a falsas relaciones entre área y perímetro parecen perdurar hasta los 12 años, y son, por demás, poco conexas, según dicha Escuela, con el desarrollo lingüístico del sujeto.

Es bien conocido que las conclusiones de Piaget fueron sometidas a severas críticas por parte de estudiosos sucesivos; con el fin de no hacer pesado este trabajo, remitimos sólo a Resnick, Ford (1981, particularmente al capítulo 7).

A estos estudios preliminares y clásicos siguieron numerosas investigaciones, tantas que es imposible hacer aquí un cuadro completo; nos limitaremos (siguiendo un recorrido cronológico) sólo a aquellas que, de cualquier forma, hacen referencia a la dificultad en el aprendizaje específico de las ideas de perímetro y de área; estas han condicionado la dirección de nuestra investigación actual.

3.2. Un cuadro de las investigaciones que han condicionado nuestra reflexión

Rogalski (1979) señala que uno de los grandes problemas en el aprendizaje del concepto de superficie está en el hecho de que existen obstáculos conceptuales específicos que se refuerzan unos con otros. Las dificultades mayores son las siguientes: el cambio de las dimensiones, el estatuto específico de la unidad de medida, sus relaciones con las unidades de longitud y con las medidas espaciales. Cuando se habla de superficie, en realidad entran en juego una gran cantidad de factores conceptuales y lingüísticos que, en ocasiones, se obstaculizan los unos con los otros.

Gentner (1983), a pesar de ser muy cauto, sugiere el uso de modelos simples para las primeras aproximaciones a la geometría en general y al estudio de las superficies en particular. Este trabajo permite reflexionar críticamente sobre el uso de modelos: es necesario que no sean demasiado vinculantes aunque, por otra parte, sabemos que son necesarios.

Es imposible proseguir sin introducir la idea de modelo intuitivo, muy bien estudiada en Fischbein (1920-1998) (1985):

"Para crear un soporte a la investigación intelectual, a los conceptos y a las operaciones mentales, tendemos a asociarles espontáneamente modelos significativos desde un punto de vista intuitivo (...) *Un modelo intuitivo tiene siempre un significado pictórico-comportamental e induce siempre efectos de aceptación inmediata* (...)" (páginas 14-15); pero: "Insistir excesivamente dando sugerencias intuitivas, usando representaciones artificiales o demasiado elaboradas puede hacer más mal que bien" (páginas 14-15 y 18).

Efraim Fischbein
(1920-1998)

Francesco Speranza
(1932-1998)

Un discurso más general fue propuesto por Speranza (1932-1998) (1987); junto a consideraciones epistemológicas de extraordinario interés cultural, se demuestra cómo las dificultades conceptuales reveladas en la escuela primaria sobre cuestiones relacionadas con el área y el perímetro permanecen en estudiantes con un mayor nivel académico, incluso, en ocasiones hasta la universidad. (Veremos el alcance de esta afirmación, gracias a la presente investigación).

Interesante la reflexión propuesta por Iacomella, Marchini (1990) en donde se evidencia el contraste que se presenta entre las medidas directas de una superficie (ejemplo: geoplano, cuadrículas, Teorema de Pick) y las medidas indirectas (ejemplo: recurriendo a fórmulas, o apelando a medidas lineales) y cómo este contraste pueda constituir un obstáculo a la comprensión. En la práctica escolar, estas dos actividades, medidas directas y medidas indirectas (uso de fórmulas), son generalmente contemporáneas y confusas; parece como si los docentes no se dieran cuenta de la enorme diferencia de calidad, pareciera que dieran por descontado que si un alumno está en grado de realizar una medida directa, entonces está ya en condiciones de formalizar el resultado de ésta.

Outhred, Mitchelmore (1992) presentan casos de estudiantes de los últimos años de la escuela primaria que llegan a confrontar las superficies de figuras rectangulares, pero no pasan de esta experiencia a las medidas superficiales. En general, el artículo está dedicado a específicas dificultades de conceptualización del área y del perímetro por parte de los estudiantes de primaria.

Un amplio estudio, considerado por muchos investigadores un clásico, es el de Nicolas Rouche (1925-2008) (1992); en este estudio se demuestra cómo el rectángulo constituye un punto de partida básico para la adquisición del concepto de superficie, un punto crucial, la figura por excelencia, dado que a éste recurren casi todas las otras figuras que el alumno conocerá en el transcurso de la escuela primaria y ciertamente las primeras (triángulo, paralelogramo, trapecio,...). Se insiste también en el hecho de que la determinación del área de un rectángulo como producto de las medidas de dos segmentos corresponde a un ejemplo de medida indirecta, difícil de aceptar y de construir conceptualmente.

De cierta importancia es la investigación de Giovannoni (1996) donde se discuten y se repiten los célebres experimentos de Piaget sobre el problema de la comprensión del concepto de superficie en niños entre los 3 y los 6 años; se demuestra con fuerza que dicho concepto no está *por sí mismo* fuera del alcance de los niños, como se consideraba en el pasado, sino que dicha conquista depende de las condiciones del entorno, en particular con referencia al lenguaje y a la propuesta de modelos adecuados específicos (folios verdes interpretados como tales y no como potreros, superficie interpretada como tal y no como hierba destinada al pastoreo de vacas). Por tanto, el dominio de un lenguaje específico incide profundamente en la construcción de conceptos en juego: el uso ambiguo del adjetivo "grande" es sustituido lenta y conscientemente por el adjetivo "extenso", llevando a un notable éxito en el aprendizaje, incluso en sujetos de 5 años.

Marchini (1999) habla del conflicto entre los dos conceptos, área y perímetro, y sugiere actividades didácticas para afrontar el argumento y salir airosos de la situación; el artículo contiene consideraciones de gran valor y de amplio respiro no sólo en el ámbito didáctico, sino también en el aspecto matemático y epistemológico.

Medici (1999) discute sobre la formulación de los enunciados de los problemas de geometría, y de cómo es necesario recurrir a un lenguaje menos preciso pero más accesible, donde no se haga un uso excesivo de fórmulas.

Otro estudio interesante es el realizado por Jaquet (2000), en el cual se presenta y se discute con detenimiento un problema propuesto a estudiantes de 3° y de 4° primaria, en el curso del *Rally matemático transalpino*[19] en los meses de enero y febrero de 2000; en dicho problema, original en su formulación, se pide confrontar áreas de figuras no estándar, de las cuales no son dadas medidas ni lineales ni de superficie. Se estudian las diversas formas de aproximación de los sujetos examinados, mostrando la complejidad de los procesos puestos en práctica por los estudiantes, quienes mezclan métodos directos e indirectos, calculando áreas y perímetros de los polígonos que aparecen en el diseño. Se trata de un interesante estudio que demuestra la complejidad de las relaciones entre estos dos conceptos.

Un trabajo que seguimos de cerca es el de Chamorro (1997); la autora analiza 8 aspectos diferentes que determinan los entornos de aprendizaje por cuanto concierne la medida (en general), siguiendo las ideas de Guy Brousseau; esas son: objeto, soporte, magnitud, valor particular (o cantidad de magnitud), aplicación medida, medida imagen, medida concreta, medición, orden de magnitud. La interesante investigación de Chamorro hace referencia a la medición en general y demuestra la complejidad del tema, particularmente cuando se habla de aprendizaje. Entre los ejemplos específicos que se hacen, aparecen precisamente perímetro y área: "En la superficie, en cuanto medida producto, confluyen múltiples obstáculos conceptuales. Entre estos, tenemos la relación que las unidades de superficie mantienen con las unidades de longitud, sien-

---

19.   Se trata de una prueba internacional de resolución de problemas de matemática, muy difundida en Suiza, donde nació.

do las segundas necesarias para las primeras. Dichas relaciones pueden ser comprendidas sólo a partir de relaciones espaciales que, a su vez, deben ser coordinadas con relaciones multiplicativas. La coordinación entre la linealidad de cada una de las dimensiones y la linealidad de las superficies debe poder ser garantizada por un modelo geométrico que ayude a visualizar dichas relaciones".

A la tesis de doctorado de Chamorro, sigue un largo artículo que es, a un mismo tiempo, síntesis y profundización; en dicho artículo se analizan experiencias realizadas en la escuela primaria a propósito del problema de enseñanza-aprendizaje de la medida y en forma específica del perímetro y del área; el objetivo de este estudio es el de contribuir a la realización de buenas situaciones a-didácticas y de ingeniería didáctica con el objetivo de eliminar, o por lo menos limitar, las bien conocidas dificultades en el aprendizaje de este argumento.

Las investigaciones publicadas sobre este fascinante tema son numerosas, entre el 2001 y el 2004, año en el cual inició nuestra investigación. Pero la dirección tomada por nosotros no fue influenciada por otros, sino por las presentadas anteriormente; pero, señalamos una interesante investigación que vio la luz cuando ya habíamos terminado la nuestra y que había sido publicada en italiano, razón por la cual en la versión del libro en idioma español la hemos insertado. Se trata del trabajo de Medici, Marchetti, Vighi, Zaccomer (2005) en el cual se evidencian las preconcepciones y los procesos espontáneos que estudiantes entre los 9 y los 11 años ponen en práctica cuando deben resolver situaciones problemáticas que tienen que ver con el área o el perímetro; recurriendo a test y a entrevistas, los autores muestran que estas dos ideas fundamentales llevan consigo obstáculos epistemológicos. Podemos concordar con estos autores; pero, nosotros además, hemos puesto en evidencia la fuerte presencia de obstáculos didácticos.

Como se ve, el cuadro de referencia, aún con las limitaciones de contenido que nosotros nos impusimos, es de extraordinaria complejidad y vastedad.

Capítulo 4

Las convicciones de los docentes y (por tanto) de los estudiantes sobre el área y el perímetro

Las interacciones del estudiante y del docente son el producto del propio repertorio de conocimientos.

Brousseau G. (2003).
Didattica delle scienze e formazione degli insegnanti. En:
Fandiño Pinilla M. I. (editora) (2003).
Riflessioni sulla formazione iniziale degli insegnanti di matematica: una rassegna internazionale. 23-60, p. 31.

4.1. La investigación

Es evidente, por tanto, que los dos conceptos geométricos: *perímetro / área de una figura plana,* tienen en el plano científico elementos en común, pero muchos otros aspectos son simplemente supuestos en el plano de las misconcepciones, comunes en los estudiantes de todo nivel escolar.

Por ejemplo, la literatura de investigación (y también la historia y la leyenda) han demostrado ampliamente que un gran número de estudiantes de todas las edades están convencidos de que existe una relación de estrecha dependencia entre estos dos conceptos sobre el plano relacional, del tipo:

Si A y B son dos figuras planas, entonces:

- si (perímetro de A > perímetro de B) entonces (área de A > área de B);
- idem con <;
- idem con = (por lo cual: dos figuras iso-perimétricas son necesariamente equi-extensas).

Y viceversa, cambiando el orden "perímetro-área" con "área–perímetro".

Difícilmente este tema se propone didácticamente de forma explícita, en parte, según algunos maestros, por una supuesta dificultad.

Podemos ahora pedirnos si docentes, de cualquier nivel escolar, tienen plena conciencia sobre el tema o si, por casualidad, también en algunos de ellos existen problemas de construcción conceptual. Esta evidencia tiene que ver con el problema de las convicciones y de las concepciones de los maestros. Un amplio cuadro teórico sobre este tema se puede encontrar en D'Amore, Fandiño Pinilla (2004), lo que nos exime de repetirlo aquí.[20]

Juega, además, otro importante factor, evidenciado por Azhari (1998); trataremos de decirlo en forma breve:
Si existen dos relaciones ligadas mutuamente, el estudiante intenta aplicar la siguiente "ley de conservación": si una determinada cosa crece, también esta otra, con la cual está relacionada, crece (y viceversa).

---

20. Consideramos de interés declarar explícitamente que nos serviremos de las siguientes interpretaciones de dichos términos (propuestas también en: D'Amore, Fandiño Pinilla, 2004), siempre más compartidas y con mayor difusión:
Convicción (belief) (o creencia): opinión, conjunto de juicios/expectativas, lo que se piensa a propósito de algo.
El conjunto de las convicciones que alguien (A) tiene sobre algo (T) es la *concepción* (K) de A relativa a T; si A pertenece a un grupo social (S) y comparte con los otros miembros de S dicho conjunto de convicciones relativas a T, entonces K es la concepción de S relativa a T.
Generalmente, en lugar de "concepción de A relativa a T" se habla de la "imagen que A tiene de T".

Ahora, el ejemplo que relaciona el perímetro y el área parece caer como anillo al dedo en las consideraciones de Azhair (1998); es más, este es precisamente uno de los ejemplos ofrecidos en este trabajo (citado por Stavy, Tirosh, 2001).

Si ponemos en relación los perímetros de dos figura A y B, con las respectivas áreas, nos parece que una forma convincente de evidenciar que las "leyes" enunciadas líneas arriba *no* sean válidas, sea la siguiente: Dar un ejemplo para cada uno de los siguientes 9 casos posibles:

p	A	p	A	p	A
>	>	>	=	>	<
=	>	=	=	=	<
<	>	<	=	<	<

Interpretemos esta tabla:

* La primera casilla de la primera fila (> >) dice: encontrar dos figuras tales que, pasando de la primera a la segunda, el perímetro crezca y el área crezca.
* La segunda casilla de la primera fila (> =) dice: encontrar dos figura tales que, pasando de la primera a la segunda, el perímetro crezca y el área reste igual.
* La tercera y última casilla de la primera fila (> <) dice: encontrar dos figuras tales que, pasando de la primera a la segunda, el perímetro crezca y el área disminuya.

Y así sucesivamente.

Para evitar dificultades, se puede partir siempre de figuras simples, como por ejemplo un rectángulo, cuando esto es posible, haciendo diversas transformaciones sobre éste o sobre figuras que se derivan de éste. Consideramos necesario aclarar que las figuras sobre las cuales conviene trabajar son las más elementales posibles para evitar complicaciones que puedan derivar de la misma figura.

En la tabla que sigue se dan 9 ejemplos descritos líneas arriba para casos muy elementales. Estos ejemplos no venían dados a los sujetos sometidos a la prueba en el curso de la investigación; por lo menos, en una primera instancia, cada uno de los sujetos debía procurarse los ejemplos por sí mismo. Los ejemplos que aquí proporcionamos tienen sólo el objetivo de hacer una presentación completa.

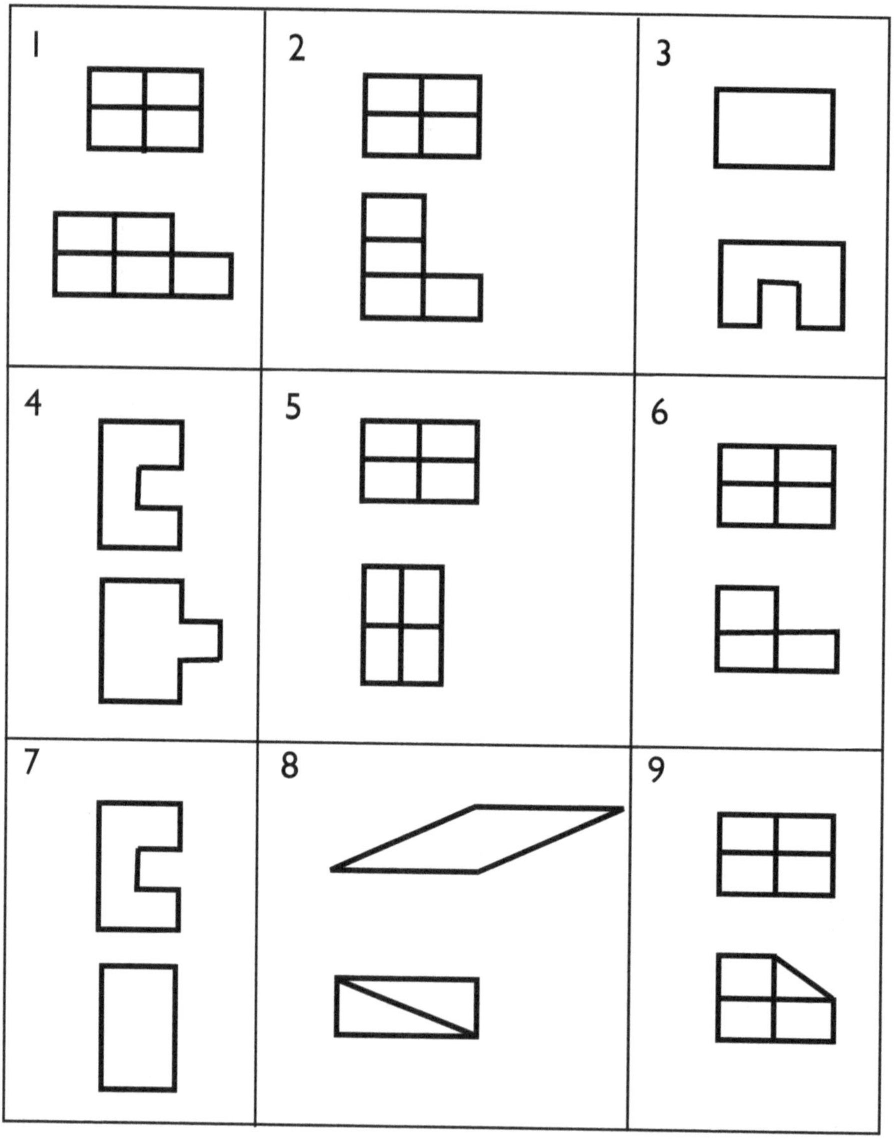

4.2. Preguntas, metodología de investigación e hipótesis de respuesta[21]

A un grupo de *colaboradores,*[22] docentes de escuela primaria, de escuela media, de escuela superior y de universidad, les propusimos hacerse cargo de la investigación descrita, dando las siguientes indicaciones que son, al mismo tiempo, las preguntas explícitas de investigación, las relativas indicaciones metodológicas y nuestras hipótesis de respuestas, subdivididas en tres puntos.

Punto I

Problema de investigación Pr.1: Solicitamos a todos los colaboradores someterse ellos mismos a la prueba, con toda sinceridad, y en un segundo momento a algunos de sus colegas de las escuelas primaria, media o superior, y a estudiantes universitarios futuros maestros en formación.

Pregunta de investigación Pg.1: ¿Es verdad, o no, que se pueden encontrar ejemplos para todos los 9 casos? ¿Es verdad, o no, que surge espontáneamente pensar que, en general, al aumentar el perímetro de una figura plana aumenta también el área? ¿Es verdad, o no, que se necesita hacer un esfuerzo, para *convencerse* que las cosas *no* son así?

Hipótesis de respuesta H.1: Consideramos que no sólo los estudiantes, sino también algunos docentes tenían misconcepciones radicadas a propósito de supuestas relaciones necesarias entre perímetro y área de las figuras planas. Que no fuera banal encontrar los 9 ejemplos indicados (especialmente en el caso en el cual el perímetro debe disminuir y el área aumentar). Incluso que, después de haber visto los ejemplos, no fueran completamente aceptados. Como indicadores de dichas misconcepciones radicadas pensamos asumir las mismas declaraciones de los colaboradores.

---

21.   Contrariamente a nuestra forma habitual de trabajar, no separamos estos tres puntos dado que estos están, en esta ocasión, profundamente ligados entre ellos.

22.   Elegidos entre los miembros del RSDDM (Grupo de Investigación, Experimentación en Didáctica y Divulgación de la Matemática) activo desde los años 80 adscrito al Departamento de Matemática de la Universidad de Bologna, grupo al cual pertenecen los dos autores del presente libro. Véase el sitio: www.dm.unibo.it/rsddm.

Punto 2

Problema de investigación Pr.2: Pedimos a todos los colaboradores hacer las pruebas con estudiantes de escuela primaria, media, superior y con estudiantes universitarios. Cada uno de ellos fue invitado a introducir un discurso cualquiera sobre perímetro y área de figuras planas simples y probar a realizar transformaciones, verificando si los estudiantes:

- aceptan espontáneamente;
- aceptan de buen grado después de un ejemplo;
- aceptan con dificultad después de varios ejemplos;
- rechazan sin discusión;
- rechazan también después de ejemplos;

que puedan valer todas las 9 relaciones, es decir, que nada se puede decir a priori de la relación entre "aumento (igualdad, disminución) del perímetro" y "aumento (igualdad, disminución) del área de las figuras planas".

A nosotros nos interesaban dos aspectos:

- el *cambio de las convicciones*; es decir si, después de algunos ejemplos, los estudiantes están dispuestos a cambiar de idea y si sobre esto incide la edad; para lograr esto, era indispensable llevar a los sujetos a que expresaran sus convicciones *antes* y *después* de los ejemplos; con el fin de alcanzar este objetivo, más que hacer unos tests, era esencial entrevistar a los sujetos en pequeños grupos (2-3 por grupo) o individualmente;
- el lenguaje usado por los estudiantes para explicar su pensamiento, antes y después: ejemplos, discursos generales, frases, uso de diseños, de esquemas,...

Pregunta de investigación Pg.2: ¿Con cuánta naturalidad y espontaneidad los estudiantes logran aceptar que no existen relaciones obligadas entre el perímetro y el área de las figuras planas? ¿Cómo varía esta aceptación con la edad? ¿Resulta fácil aceptar los 9 ejemplos? ¿Cómo expresan sus convicciones al respecto? ¿Qué tipos de lenguaje usan?

Hipótesis de respuesta H.2: Considerábamos que los estudiantes, de cualquier edad, manifestarían una gran dificultad para aceptar aquello que parece ser anti-intuitivo. Que con el avanzar de la edad, esta aceptación aumentaría. Que los sujetos encontrarían alguna dificultad para aceptar los ejemplos. Que la expresión de sus convicciones sería poco académica, dado que contrasta con las convicciones construidas escolásticamente. Que el lenguaje usado sería básicamente coloquial, tal vez con el uso espontáneo de gráficos y de diseños esquemáticos.

Punto 3

Problema de investigación Pr.3: Invitamos a los colaboradores a realizar la siguiente prueba con estudiantes que no habían participado en la prueba anterior, a través de entrevistas individuales. Ellos debían presentar a dichos estudiantes una tarjeta con las dos figuras que se presentan a continuación:

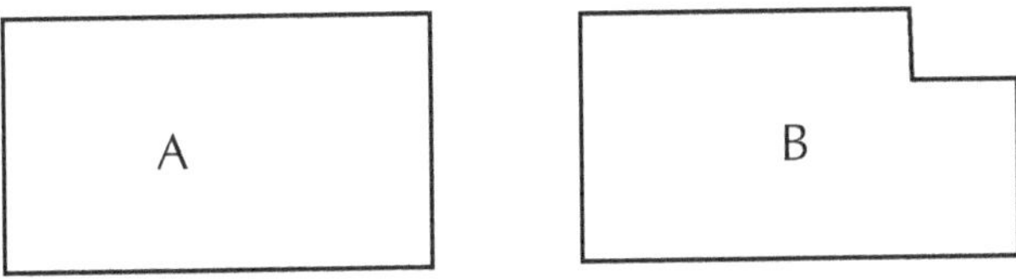

(El hexágono B se obtuvo del rectángulo A eliminando un pequeño rectángulo de la parte derecha en alto, hecho que puede ser confirmado visualmente)

Ahora, a la mitad de los estudiantes se les proponían las siguientes dos preguntas:
pg.1: ¿El área de A es menor, igual o mayor del área de B?
    Y ¿El perímetro de A es menor, igual o mayor del perímetro de B?

A la otra mitad, se les proponían las siguientes dos preguntas:
pg. 2:¿El perímetro de A es menor, igual o mayor del perímetro de B?
    Y ¿El área de A es menor, igual o mayor del área de B?

Pregunta de investigación Pg.3: ¿Puede el orden inverso de las preguntas que caracterizan pg.1 y pg.2 modificar radicalmente las respuestas de los estudiantes?

Hipótesis de respuesta H.3: Nuestra hipótesis era que:

* en pg.1 los estudiantes habrían verificado fácilmente que el área de A es mayor que el área de B (dado que esto aparece gráficamente evidente) y habrían concluido, sin verificar, que el perímetro de A es mayor del perímetro de B; los colaboradores debían sólo verificar si esta tendencia existía en verdad;

* en pg.2 la primera pregunta sobre el perímetro haría que los estudiantes tuvieran dificultades, lo que los llevaría a verificar con atención, pues la respuesta no es inmediatamente evidente: una vez verificado que el perímetro de A es igual al perímetro de B, sin embargo, no habrían tenido problema para decir que el área de A es mayor que el área de B; los colaboradores debían llevar al estudiante a verificar y a expresar que los dos perímetros son iguales y, después de esto, tenían que estar atentos a la respuesta espontánea a propósito de las áreas.

Si las cosas hubieran sido así, habríamos contradicho la hipótesis de Azhari (1998) (idea citada y parcialmente hecha propia por Stavy y Tirosh, 2001) sobre la base de la evidencia de las figuras; no valdría entonces la supuesta "ley de conservación", sino que todo conduciría a un hecho ligado a misconcepciones y evidencias perceptivas.

En total tuvimos 14 *colaboradores*:

* 7 docentes de la escuela primaria
* 2 docentes de la escuela media
* 3 docentes de la escuela superior
* 2 docentes de la universidad (o equivalente).

En un primer momento cada uno de ellos se sometía a la prueba, y en un segundo momento, a algunos de sus colegas; en total, el número de *docentes* que se sometieron a la prueba fueron:

* 19 de la escuela primaria
* 8 de la escuela media
* 10 de la escuela superior
* 6 en formación como profesor de secundaria, para un total de 43 docentes.

Los *estudiantes* sometidos a la 2° prueba fueron:

* 29 de la escuela primaria
* 20 de la escuela media
* 21 de la escuela superior

- 13 de la universidad o análogos (4 del curso de Licenciatura en Educación, 1 del 3er. año del curso de Matemática, 8 de la Alta Escuela Pedagógica), para un total de 83 estudiantes.

Los *estudiantes* sometidos a la 3ª prueba fueron:
- 50 de la escuela primaria
- 26 de la escuela media
- 14 de la escuela superior
- 17 de la universidad o análogos (4 del curso de Ciencias de la Educación, 12 de la Alta Escuela Pedagógica, 1 del 3er. año del curso de Filosofía), para un total de 107 estudiantes.

Recordamos que todas las pruebas fueron hechas en forma de entrevista.

4.3 Resultados de la investigación, discusión de los resultados y respuestas a las preguntas de investigación

Punto 1: Docentes en la prueba sobre perímetro y área

En lo relativo al punto 1., del problema de investigación Pr.1, hicimos una distinción entre las dos consignas:

- pedimos a todos los colaboradores someterse a sí mismos a la prueba con toda sinceridad;
- después, a algunos de sus colegas de las escuelas primaria, media, superior, estudiantes universitarios de los cursos (de especialización en Italia y de master en Suiza) de formación de maestros de escuela secundaria.

En los dos casos, las preguntas de investigación Pg.1 eran las siguientes: ¿Es verdad, o no, que se pueden encontrar ejemplos para todos los 9 casos? ¿Es verdad, o no, que surge espontáneamente pensar que, en general, al aumentar el perímetro de una figura plana, aumenta el área? ¿Es verdad, o no, que se necesita hacer un esfuerzo, para *convencerse* de que las cosas *no* son así?, mientras que nuestras hipótesis de respuestas

H.1 eran: Consideramos que algunos docentes tendrían misconcepciones radicadas a propósito de supuestas relaciones necesarias entre perímetro y área de las figuras planas. Que no fuera tan fácil encontrar los 9 ejemplos solicitados [especialmente en el caso (p<, A>) en el cual el perímetro debe disminuir y el área aumentar]. Que incluso después de ver los ejemplos, aún se presentaría alguna resistencia.

Examinaremos en primer lugar el caso en el cual los sujetos sometidos a la (auto)prueba eran los mismos colaboradores de la investigación, mientras que dejamos para un segundo momento el caso en el cual los sujetos sometidos a la prueba eran colegas de los colaboradores de la investigación o estudiantes universitarios.

De los 14 colaboradores a la investigación tuvimos reacciones similares en lo que concierne con la modalidad de respuesta:

- 1 sujeto (docente universitario) se limita a cumplir un análisis exclusivamente matemático de la situación, obviamente correcta, sin responder a la pregunta personal sobre sus propias dificultades;
- 13 escriben textos de respuesta que van de 1 a las 6 páginas, en ocasiones ricas en referencias a sus propias dificultades:
  - 9 colaboradores (7 docentes de primaria, 1 de superior, 1 de universidad) confiesan la dificultad que tuvieron al momento de tener que dar forma a la propia idea, incluso si ésta es correcta y consciente; admiten también que tuvieron que hacer un gran esfuerzo para imaginar todas las 9 situaciones;
  - 4 colaboradores (2 docentes de escuela media, 2 de superior) declaran no haber tenido ningún problema en encontrar rápidamente las respuestas y expresan su pleno conocimiento de que las cosas deben ser así.

(4 colaboradores –2 de primaria, 2 de media– hacen una amplia referencia a sus estudiantes, sin lograr responder en primera persona como sujetos; se ve una tendencia a interpretar nuestras preguntas como una invitación implícita a pensar en la situación de aula).

El caso considerado como el de mayor complejidad casi por unanimidad es precisamente (p<, A>), como lo habíamos supuesto, junto con su análogo (p>, A<).

Nuestras hipótesis H.1 fueron, por tanto, ampliamente confirmadas: inclusive en personas con alto nivel cultural, como es el caso de nuestros colaboradores, existen, por lo menos en primera instancia, misconcepciones radicadas a propósito de supuestas relaciones necesarias entre el perímetro y el área de las figuras planas. Como indicadores de tales misconcepciones decidimos enunciarlas recurriendo a sus mismas admisiones explícitas o a la prueba evidente de sus dificultades. Para muchos, no fue fácil encontrar los 9 ejemplos pedidos, especialmente en los casos (p<, A>) y (un poco menos) (p>, A<), por admisión explícita. Uno de nuestros colaboradores declara abiertamente por escrito: "(...) Tuve mayor dificultad en encontrar figuras para los casos donde el perímetro debe disminuir y el área debe permanecer invariable o aumentar", frase que tomamos como prototipo para muchas otras del mismo contenido.

Se ve claramente como la (auto)declaración de mayor dificultad se concentra en los docentes de los primeros niveles escolares, tal vez a causa de una menor preparación técnica denunciada por más de uno; muchos colaboradores docentes de la escuela primaria confiesan haber aprendido a tratar críticamente estos argumentos al interior de los cursos organizados por el NRD de la Universidad de Bologna.

La elección de las figuras para los 9 casos se concentró, por lo menos al inicio, al rededor de los polígonos convexos y en particular de los rectángulos.

Uno de los colaboradores declara haber realizado la prueba con algunos de sus propios familiares con los siguientes resultados:

- quienes desarrollan actividades de construcción, cotidianamente enfrentados a situaciones concretas en las cuales los casos (p>, A<) y (p<, A>) son frecuentes, no tuvieron ningún problema no sólo en responder correctamente sino también en proporcionar ejemplos;
- otros, empleados en actividades más de rutina, se inclinaron por respuestas clásicas: existen sólo los casos (p>, A>), (p<, A<), (p=, A=); los otros casos fueron considerados imposibles; por ejemplo, no fue posible encontrar ejemplos para el caso (p<, A>).

Los 43 docentes entrevistados (19 de escuela primaria, 8 de escuela media, 10 de escuela superior, 6 en formación de postgrado como docentes de escuela secundaria) tuvieron comportamientos muy diferentes, pero también muchas reacciones en común; los protocolos de las entrevistas están a disposición, aquí resaltamos lo esencial. Reportaremos entre comillas las frases que confirman nuestras afirmaciones o que nos parecen más representativas.

Una reacción muy difusa, en todos los niveles escolares, es la diferencia manifestada a nivel intuitivo entre el primer contacto con el problema, respecto al cambio (a veces fuerte) entre la primera respuesta intuitiva y la convicción adquirida al terminar la prueba.

Casi todas las entrevistas empiezan con el conocido "problema de Galileo": Un pueblo tiene dos plazas A y B; el perímetro de la plaza A es mayor del perímetro de la plaza B; ¿cuál de las dos plazas tiene el área mayor?.

La mayor parte de los entrevistados, 40 de 43, incluso licenciados, docentes de la escuela superior, afirmaron que la plaza con la mayor área era la de mayor perímetro, para después corregirse espontáneamente, afirmando "no está dicho", aún antes de efectuar todas las pruebas previstas en la entrevista (y aquí se nota una mayor concentración de docentes de la escuela superior), o bien, aceptar que su respuesta fuera objeto de posibles críticas o incluso que fuera incorrecta, pero sólo después de haber realizado las pruebas (y aquí se nota una mayor concentración de docentes de los primeros niveles escolares).

Por tanto, el *cambio de convicción* es evidente, a veces fuerte, y, en varias ocasiones, requiere pruebas y reflexiones no superficiales.

A las preguntas:
- ¿Es verdad, o no, que se pueden encontrar ejemplos para cada uno de los 9 casos?
- ¿Es verdad, o no, que surge espontáneamente pensar, en general, que al aumentar el perímetro de una figura plana, aumenta también el área?
- ¿Es verdad, o no, que se necesita hacer un esfuerzo, para convencerse que las cosas *no* son así?

muchos docentes, *no* necesariamente de la escuela primaria, inician dando la respuesta "no", a la primera pregunta, lo que revela que misconcepciones radicadas a propósito de supuestas relaciones necesarias entre el área y el perímetro de las figuras planas están presentes no sólo en *algunos* docentes, como lo pensábamos, sino en la mayor parte de ellos.

Para muchos entrevistados no fue para nada fácil encontrar los 9 ejemplos pedidos –especialmente en el caso (p<, A>) o viceversa–. En repetidas ocasiones encontramos casos de docentes (incluso de la escuela superior y de la escuela media) que tuvieron que recurrir a los ejemplos (o algunos de ellos) dados por el entrevistador. [Muchos notaron las simetrías en las solicitudes; y alguno manifestó un gran malestar en el caso (p=, A=) dado que no aceptaba simplemente la aplicación de una isometría o dejar las figuras idénticas].

Lo que se evidenció, después de haber visto los ejemplos, creados por el mismo entrevistado o propuestos por el entrevistador, es que desapareció del todo (o casi) la persistencia en las misconcepciones ligadas a la intuición; y se llegó a frases llenas de conciencia como la siguiente: "Por tanto dos figuras equi-extensas no son automáticamente iso-perimétricas". Este perfecto enunciado fue hecho con evidente sorpresa por un docente de escuela primaria quien declara haber luchado por mucho tiempo consigo mismo para encontrar los 9 ejemplos, bloqueado por sus propias convicciones sobre el argumento, una misconcepción radicada de la cual antes no se había dado cuenta, que al aumentar el perímetro fuese necesario que aumentase también el área.

Aparece muy claro que las misconcepciones reveladas se deben al hecho de que casi todos los modelos figurales que ilustran estas cuestiones son realizados con figuras planas convexas por demás usuales, lo que lleva a creer que se puede afrontar el problema sólo con dichas figuras. Es más, esta consideración fue confirmada por más de uno de los mismos entrevistados: "Es posible partiendo de un cuadrado; no es posible partiendo de un círculo" (en otras palabras, el cuadrado es considerado figura admisible para transformaciones como las que propusieron, el círculo no); a la propuesta de una figura cóncava: "Pero esta no es una figura geométrica" (quiere decir: no de aquellas usadas comúnmente en la práctica didáctica cuando se habla del perímetro y del área). Otros consideran posibles sólo homotecias, por lo que: "... pero con los cuadrados es imposible" dado que el correspondiente de un cuadrado por una homotecia es un cuadrado.

Es recurrente el reenvío que los docentes entrevistados hacen a sus estudiantes. Muchas de las preguntas y de las respuestas se dan "filtradas" a través de la experiencia con o de sus propios estudiantes: "Ellos tampoco lo ven" (lo que yo no he visto); "... tienen dificultad para imaginarlo"; "Es necesario cambiar constantemente las figuras" (es decir, pasar de figuras estándar a otras no tradicionales, por ejemplo cóncavas; en realidad, no sería siempre necesario, pero los ejemplos dados por los entrevistadores son considerados a menudo como los únicos posibles).

Interesante el hecho de que algunos docentes de la escuela secundaria consideran este tipo de argumento más cercano al mundo de la escuela primaria, "porque allí se trabaja con las figuras, más en lo concreto, menos en lo abstracto", como justificando su propio error en la prueba (y el error potencial de sus propios estudiantes). Naturalmente, en esto hay mucha verdad; en la escuela primaria, generalmente, se transforman en modelos radicados lo que sólo debería ser una imagen parcial; y, en muchas ocasiones, no existe ni siquiera la conciencia del problema.

Veremos en los próximos apartados el desarrollo de la investigación con los estudiantes. Aquí adelantamos algunas hipótesis, que analizaremos críticamente en el capítulo 5.; una de estas hipótesis es: el obstáculo que parece evidente respecto a la construcción de un conocimiento matemáticamente satisfaciente sobre las relaciones entre "perímetro y área" no es sólo de naturaleza epistemológica sino *básicamente* de naturaleza didáctica.

La naturaleza epistemológica del obstáculo es evidente y tiene múltiples aspectos:

- no es un caso de que historietas y leyendas que relacionan área y perímetro sean antiquísimas y se repitan en el tiempo, incluso a distancia de siglos (basta pensar en el mito de la fundación de Cartago por Dido y a la "adivinanza" de Galileo); esto es una señal de obstáculo epistemológico;
- para llevar acabo este análisis se deben operar transformaciones geométricas sobre las figuras; pues bien, sólo a finales del siglo XIX estas transformaciones, su potencia, su necesidad, se revelaron completamente a los ojos de los matemáticos; por milenios dominó la rigidez de los *Elementos* de Euclides; incluso este retardo

en la introducción-aceptación es un obvio indicativo de obstáculo epistemológico.

Por otra parte, a estos evidentes obstáculos epistemológicos se mezclan también obstáculos didácticos; si fueron necesarias, oportunas y profundas entrevistas, para cambiar las convicciones de los mismos docentes, ¿cómo no pensar que las elecciones didácticas utilizadas por ellos en aula con sus propios estudiantes no influenciaran la formación de misconcepciones, relativas a este estratégico tema?

Punto 2: Estudiantes en la prueba sobre área y perímetro

Recordemos que en el punto 2., como problema de investigación Pr.2, pedimos a todos los colaboradores entrevistar estudiantes de la escuela primaria, media, superior y estudiantes universitarios. Cada uno de ellos era invitado a introducir un discurso cualquiera sobre perímetro y área de figuras planas simples y probar a hacer transformaciones, verificando si los estudiantes:

*   aceptan espontáneamente;
*   aceptan de buen grado después de un ejemplo;
*   aceptan con dificultad después de varios ejemplos;
*   rechazan sin discusión;
*   rechazan incluso después de ejemplos;

que pueden ser válidas todas las 9 relaciones, es decir, que *nada* se puede decir a priori de la relación entre "aumento (igualdad, disminución) del perímetro" y "aumento (igualdad, disminución) del área de figuras planas".

A nosotros nos interesaban dos aspectos:

*   el *cambio de las convicciones*; es decir si, después de algunos ejemplos, los estudiantes estaban dispuestos a cambiar de idea y si sobre esto incide la edad; para lograr esto era esencial llevar a los sujetos a que expresaran sus convicciones *antes* y *después* de los ejemplos; para alcanzar este objetivo, más que hacer un test, era esencial entrevistar a los sujetos en pequeños grupos (2-3 por grupo) o individualmente;

- el lenguaje usado por los estudiantes para explicar su pensamiento, antes y después: ejemplos, discursos generales, frases, uso de diseños, de esquemas,...

Con este objetivo, las preguntas de investigación Pg.2 eran las siguientes:

¿Con cuánta naturalidad y espontaneidad los estudiantes logran aceptar que no existen relaciones a priori obligadas entre perímetro y área de las figuras planas? ¿Cómo cambia esta aceptación con la edad? ¿Resulta fácil aceptar los 9 ejemplos? ¿Cómo expresan sus convicciones a este propósito? ¿Qué tipo de lenguaje usan?

Como hipótesis preliminar H.2, considerábamos que los estudiantes, de cualquier edad, expresasen gran dificultad en aceptar lo que parece anti-intuitivo. Que con el crecer de la edad, esta aceptación aumentase netamente. Que los sujetos encontrasen alguna dificultad en aceptar los ejemplos. Que habrían expresado sus convicciones en modo poco formal, dado que estas contrastan con las convicciones construidas en la escuela. Que el lenguaje usado fuese lo más cercano posible a la forma coloquial, tal vez con el uso espontáneo de gráficos o de diseños esquemáticos.

El resultado de mayor impacto de toda la investigación está ligado con el hecho de que los casos de mayor complejidad (p>, A<; viceversa; p>, A=; viceversa) no son aceptados espontáneamente con el aumento de la edad (o con el mayor nivel de escolaridad).

Más del 90% de los estudiantes entrevistados, independientemente del nivel escolar, tiende espontáneamente a afirmar que existe una dependencia estrecha entre el aumento / disminución del perímetro y el aumento / disminución del área:

- frente a la tarea de dar ejemplos, las dificultades se centraron básicamente en los casos enunciados líneas arriba;
- sólo pocos afrontaron con éxito la tarea y el resultado positivo no está relacionado con la edad (por tanto, ni con el grado de escolaridad); entre los estudiantes universitarios se tienen algunos de los más clamorosos resultados negativos;
- una vez que el entrevistador hace notar que es posible encontrar ejemplos para los 9 casos, se tienen las siguientes reacciones:

–   más de la mitad de los estudiantes se sorprende cuando ve que se hace uso de figuras cóncavas; alguno declara que "Estas no son figuras geométricas", que "No son correctas", que "En la escuela no se usan",...; esta actitud no se relaciona en forma significativa con la edad y ni con el grado de escolaridad, ni con el tipo de escuela frecuentada;

–   más de la mitad de los estudiantes entiende el sentido de la propuesta y admite haber cambiado inmediatamente de convicción; este tipo de actitud también es ligeramente superior en los niveles con mayor escolaridad, pero no es estadísticamente ligado con la edad;

–   en los casos en los cuales no se alcanza un resultado positivo, el estudiante, generalmente, se atrinchera detrás de justificaciones debidas a la falta de desarrollo de este argumento por parte de los docentes; este hecho se presenta con mayor frecuencia en la escuela media; numerosos estudiantes de la escuela superior demuestran haber entendido el *sentido* de la investigación y revelan interés y motivación en dar la respuesta; algunos reconocen su propia dificultad en hacer oportunas transformaciones sobre las figuras; interesante como algunos estudiantes de la escuela superior se hacen cargo personal del problema, sin descargar la responsabilidad de su fracaso en sus docentes de los niveles precedentes (al contrario, tuvimos docentes licenciados que atribuyeron la culpa de su fracaso o de su dificultad a los estudios universitarios, en los cuales, este tipo de argumento es ignorado; o a los libros de texto, por las mismas razones).

De los 13 estudiantes universitarios entrevistados, uno de los cuales es estudiante de matemática, aquellos que declaran espontáneamente que los 9 casos son todos posibles, independientemente de poderlos encontrar, son menos de la mitad; de los otros, aquellos que tienen necesidad de hacer pruebas, sólo la mitad declara al final, en forma convincente, haber cambiado de convicción; de ellos, algunos lo hacen de manera explícita; muchos son los que sostienen que el malentendido de pensar que el aumento del perímetro implique un aumento del área deriva de una didáctica incorrecta y se comprometen a estar atentos cuando tengan que afrontar su futura profesión, es más, iniciarán ahora mismo en la actividad de práctica docente.

No siempre la aceptación es fácil: "Para mí es difícil aceptarlo, estaba convencido que dependían, es una gran sorpresa que debo digerir, pero es muy difícil".

En cuanto al lenguaje, es importante recurrir al lenguaje natural, no a confusiones terminológicas (por ejemplo, no obstante se hable explícitamente del perímetro y del área, muchos estudiantes, de la escuela primaria a la escuela superior, dicen "perímetro" en lugar de "área" y viceversa), además de otras expresiones inadecuadas desde un punto de vista lexical.

Se nota que recurrir a un lenguaje coloquial de bajo perfil formal o por lo menos cultural en el ámbito matemático *no* es un hecho que se limita sólo a los primeros grados de escolaridad. Es más, son generalmente los estudiantes universitarios quienes mayormente nos sorprenden con adjetivos y locuciones que no están en consonancia con la geometría oficial: "Si una (figura) la haces delgadita...", "Si hago una *cosa* con muchas puntas, el perímetro..." etc.

Muchos de los entrevistados intentan recurrir a diseños explicativos que ilustren, confirmen, o desmientan su propio pensamiento; el resultado es por demás engañoso: son pocos los estudiantes, sin distinción del nivel escolar, los que usan apropiadamente un diseño para validar o negar sus propias afirmaciones; lo intentan, pero no dominan plenamente este lenguaje gráfico específico.

Interesante notar como estudiantes de 5º de primaria de diversas zonas italianas que responden correcta y espontáneamente a la primera pregunta (es decir, ¿Teniendo un rectángulo y un cuadrado de igual perímetro, necesariamente tienen igual área?), dan un argumento no valido: porque el cuadrado es "más grande", "tiene mayor espacio dentro", "es más ancho"...

Sabemos que, entre cuadriláteros iso-perimétricos, el cuadrado es el de mayor superficie; y este hecho se imagina, se ve, se intuye desde un punto de vista gráfico, mayormente en la escuela primaria que en los años sucesivos. Naturalmente, no faltan los casos de estudiantes de la escuela superior que demuestran competencia en estos argumentos; por ejemplo, tuvimos casos de estudiantes que conocían y dominaban las relaciones entre superficie de figuras iso-perimétricas.

Punto 3: Otros estudiantes en la prueba

Llegando al punto 3 de la investigación, invitamos a los colaboradores a someter diversos estudiantes, a quienes no se había aplicado la prueba precedente, a la siguiente prueba a través de entrevistas individuales.

Ellos debían consignar a dichos sujetos una tarjeta con las siguientes dos figuras:

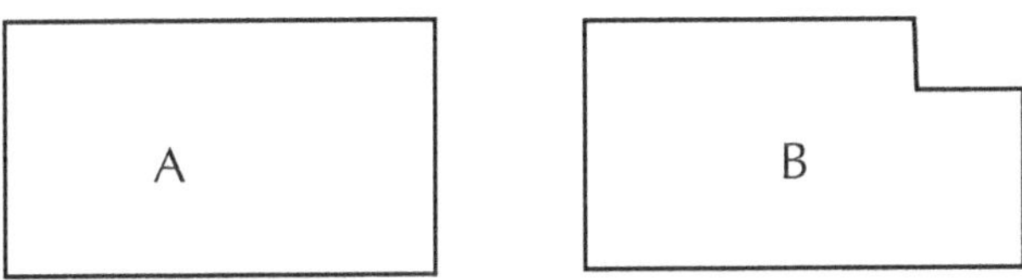

(El hexágono B se obtuvo del rectángulo A, eliminando un pequeño rectángulo de la parte derecha en alto, hecho evidente desde un punto de vista visivo).

Ahora, a la mitad de los estudiantes se les proponían las siguientes dos preguntas:
pg.1: ¿El área de A es menor, igual o mayor del área de B?
¿El perímetro de A es menor, igual o mayor del perímetro de B?
A la otra mitad, se les proponían las siguientes dos preguntas:
pg.2: ¿El perímetro de A es menor, igual o mayor del perímetro de B?
¿El área de A es menor, igual o mayor del área de B?

Teníamos una única pregunta de investigación Pg.3: ¿El orden inverso de las preguntas que caracterizan pg.1 y pg.2 puede modificar radicalmente las respuestas de los estudiantes?

Nuestra hipótesis H.3 era que:

*   en pg.1 los estudiantes habrían verificado fácilmente que el área de A es mayor que el área de B (dado que esto aparece gráficamente evidente) y habrían concluido, sin verificar, que el perímetro de A es mayor que el perímetro de B; los colaboradores debían sólo verificar si esta tendencia existía en verdad;
*   en pg.2 la primera pregunta sobre el perímetro haría que los estudiantes estuvieran en dificultad, lo que los llevaría a verificar con

atención pues este hecho no es inmediatamente evidente; una vez verificado que el perímetro de A es igual al perímetro de B, sin embargo, no habrían tenido problema para decir que el área de A es mayor que el área de B; los colaboradores debían llevar a los estudiantes a que verificaran que los dos perímetros eran iguales y lo expresaran; después de esto debían estar atentos a la respuesta espontánea a propósito de las áreas.

Si las cosas hubieran sido así, habríamos contradicho la hipótesis de Azhari (1998) (idea citada y parcialmente hecha propia por Stavy y Tirosh, 2001) sobre la base de la evidencia de las figuras; no valdría entonces la supuesta "ley de conservación", sino que todo conduciría a un hecho ligado a misconcepciones y evidencias perceptivas.

Los resultados de las pruebas hechas demuestran nuestra hipótesis en forma absolutamente irrefutable; el orden de las preguntas es fundamental para las respuestas, pero, en este caso, la edad (y por tanto el grado de escolaridad) incide en forma estadísticamente significativa.

La respuesta correcta a la pregunta pg.1 fue dada espontánea e inmediatamente entre el 90-91% de los casos; la respuesta correcta a la pregunta pg. 2 fue dada espontáneamente sin necesidad de reflexión en pocos casos, incluso en altos niveles de escolaridad, mientras que el 84-85% de los casos da la respuesta correcta después de realizar pruebas o de reflexionar.

Las respuestas, por tanto, no están ligadas a la supuesta "ley de conservación", sino a misconcepciones unidas a los aspectos que emergen en el apartado precedente y a la evidencia perceptiva que, en el caso del área, es inmediata, mientras que en el caso del perímetro no lo es.

Aquí viene negada la hipótesis de Azhari.

Los problemas que se encuentran son de diverso tipo y sólo en parte esperados:
- algunos estudiantes confunden en su terminología área y perímetro; lo cual implica la no consideración de las declaraciones del entrevistado por parte del investigador;
- dificultad para confrontar las dos figuras A y B porque una de las dos es una figura "insólita", no contemplada dentro de las que tradicionalmente la escuela presenta dedicándole fórmulas;

- cuando un estudiante, especialmente de los primeros años de escolaridad, intenta medir los contornos, no siempre sabe cómo comportarse; se debe anotar que para responder a las preguntas, no era necesario hacer ningún tipo de medición; se intentaban realizar mediciones en los casos en los cuales el sujeto consideraba que eran necesarias (lo cual sucede en muchos más casos de los previstos y no sólo en la escuela primaria o media; varios estudiantes de la escuela superior hicieron uso de cuadriláteros especificando siempre las medidas de los lados y calculando el área y el perímetro).

4.4. Conclusiones y notas didácticas

Visto el desarrollo de la investigación con los estudiantes, es evidente que el obstáculo que se opone a la construcción de un conocimiento adquirido sobre las relaciones entre "perímetro" y "área" no es sólo de naturaleza epistemológica sino que *es también de naturaleza didáctica.*

Este obstáculo reside en las elecciones didácticas:

- se usan siempre y sólo figuras convexas provocando la misconcepción de que las figuras cóncavas *no pueden* ser usadas o no son convenientes: quien usa figuras cóncavas, está haciendo trampa;
- se usan siempre y sólo figuras estándares provocando la misconcepción que viene enunciada generalmente con la frase: "Pero esta no es figura geométrica";
- casi nunca se ponen explícitamente en relación área y perímetro de la misma figura geométrica; por el contrario, a veces se insiste en el hecho de que el perímetro se da en metros (m) mientras que el área en metros cuadrados (m^2), insistiendo en las diferencias y no en las relaciones reciprocas;
- casi nunca se hacen transformaciones sobre las figuras de forma tal que se conserven o se modifiquen el área o el perímetro, creando una misconcepción sobre el significado que tiene el término "transformación"; de hecho, muchos estudiantes interpretan espontáneamente "transformación" como un cambio que sólo implica una reducción o una ampliación de la figura (es decir una homotecia); en el caso (p=,A=), como consecuencia, muchos

estudiantes rechazaron la identidad o una isometría como una "transformación".

La confirmación de lo enunciado anteriormente se tiene en la investigación hecha con los docentes en la cual se verifica el caso de educadores, no sólo de escuela primaria, que tienen reacciones del todo análogas a las de los alumnos, es decir de evidente sorpresa, frente a un necesario cambio de convicciones. Un docente afirma: "Pero si nunca antes ninguno nos enseña estas cosas, ¿cómo podemos saberlas?"; esta frase nos parece la reafirmación del hecho de que casi toda esta problemática se pueda resumir en obstáculos didácticos.

Las elecciones de los docentes *no* se dan dentro de una correcta transposición didáctica que les permita transformar un "Saber" (que para algunos de ellos no existe) en un "saber de enseñar", en modo culto y consciente (lamentablemente en ocasiones no existe ni siquiera la conciencia de la existencia y de la diferencia entre "Saber" y "saber de enseñar").

De hecho, al menos en el campo indagado por nosotros, se incurre en un escenario de cuestiones a-críticas, aburridas, siguiendo un guión preestablecido consagrado por los libros de texto. La expresión de esto se encuentra en los siguientes hechos:

- Cuando el docente cambia de convicción, lo hace con sincera maravilla;
- insistiendo en el hecho que este argumento debe entrar explícitamente en la didáctica;
- prometiéndose espontáneamente a sí mismo incluirlo en la propia futura acción didáctica de enseñanza-aprendizaje.

Capítulo 5

Dificultad en el aprendizaje del área y del perímetro y sugerencias didácticas

No se trata, por tanto, de producir una teoría psicológica del sujeto que está tratando con un problema matemático; lo que se necesita es, por el contrario, progresar en la comprensión de las condiciones que hacen posible el encuentro del estudiante con el problema y la relativa asunción por parte del mismo alumno.

Schubauer-Leoni M.L. (1996).
Il contratto didattico come luogo di incontro, di insegnamento e di apprendimento.
En: Gallo E., Giacardi L., Roero C.S. (editores) (1996).
Conferenze e seminari 1995-1996.
Turín: Ass. Subalpina Mathesis –
Seminario de Historia de la matemática "T. Viola". 21-32.

Dividiremos este capítulo en 6 parágrafos, en cada uno de los cuales evidenciaremos posibles causas de la dificultad de aprendizaje, sin hacer una distinción del tipo de dificultad; es decir, no nos basaremos en hechos relacionados con la matemática relativa al área y al perímetro, sino distinguiéndolas como elementos que se refieren a las bases de la moderna investigación en didáctica de la matemática.

Las citas bibliográficas puntuales serán pocas, nos limitaremos a las estrictamente necesarias; en cuanto concierne a la didáctica de la matemática, nos serviremos como siempre de D'Amore (2006a) y de D'Amore (2005).

5.1. Contrato didáctico

La idea de contrato didáctico entró en la didáctica de la matemática en los primeros años 70, mejor aún a finales de los años 60, concebida por Guy Brousseau, e inmediatamente se reveló como una de las ideas más fecundas para explicar lo que sucede en un aula durante las horas de matemática (véase, por ejemplo, Brousseau, 1980b). Como ya todos saben, por "contrato didáctico" se entiende, en una primera aproximación, el conjunto de todo lo que regula el comportamiento tanto de los estudiantes como de los docentes, sobre la base de las expectativas que cada uno de ellos tiene en relación con el otro, y en relación con la matemática.

El estudiante, por tanto, no parece actuar en el aula sobre la base de un proceso de enseñanza-aprendizaje, no se hace responsable de los aprendizajes que está construyendo, no "arriesga" en situaciones problemáticas nuevas, no intenta poner en juego su propio saber. Sobre todo, se comporta, actúa, resuelve, tratando de interpretar las expectativas que el docente espera de él (cargamos la mano en el estudiante, pero el discurso es recíproco).

Estas supuestas *expectativas* son creadas sobre la base de las convicciones que el estudiante se ha hecho en el curso del tiempo sobre el docente, sobre sí mismo, sobre sus respectivos papeles sociales, sobre la escuela, sobre la evaluación, sobre las normas que, implícitamente, cree haber deducido de la vida de aula, sobre la matemática y sobre su sentido.

Estas son algunas frases que intentan definir el contrato didáctico:

"En una situación de enseñanza, preparada y realizada por un docente, el estudiante tiene, generalmente, como tarea la de resolver un problema (matemático) que le ha sido presentado, pero el acceso a esta tarea se hace a través de una interpretación de las preguntas formuladas, de las informaciones dadas, de las obligaciones impuestas que son constantes de la forma de enseñar del docente. Estos hábitos (específicos) del maestro esperados por el estudiante y los comportamientos del alumno esperados por el docente constituyen el contrato didáctico" (Brousseau, 1980a, pág. 127).

Otra forma de ver la situación, comprendiendo mejor las relaciones que se dan entre el docente, el estudiante y el Saber, nos la ofrece Chevallard (1988):

"Concretamente, docente y estudiantes se encuentran juntos al inicio del año académico al rededor de un saber establecido precisamente por el programa académico. Contrato de enseñanza (que obliga el maestro), contrato de aprendizaje (que obliga al estudiante), se sabe que el contrato didáctico "obliga" también al saber (...). Además y sobre todo, las cláusulas del contrato organizan las relaciones que estudiantes y docente establecen con el saber. El contrato regula en detalle la situación. Cada noción enseñada, cada tarea asignada, se encuentra sometida a su legislación".

Son frases muy fuertes que evidencian la importancia que tiene el contrato didáctico junto con sus cláusulas, por lo general implícitas, en la vida cotidiana de aula.

Ignorar la cuestión significa ponerse en condiciones de no querer entender lo que sucede a nuestro alrededor en las horas de matemática.

Mucho de lo que sucede en aula, de hecho, está condicionado, regulado, decidido, por el contrato didáctico, incluso en lo que concierne al área y al perímetro. Respuestas del estudiante que, en un primer momento, no tienen lógica, que parecen denotar sólo falta de comprensión o de aprendizaje, son en realidad decididas fuertemente por el contrato didáctico que rige en el aula. Por lo tanto, el estudiante no tendrá ningún escrúpulo en responder de determinada forma que el adulto juzgará como absurda, sólo porque está tratando de encontrar una respuesta que considera sea la esperada, no la verdadera o la correcta.

Algunos ejemplos

1. Hemos visto que en muchas ocasiones los estudiantes no aceptan trabajar con polígonos cóncavos admitiendo sólo polígonos convexos, llegando a decir: "Esta no es una figura geométrica". En este rechazo se encierran, ciertamente, cuestiones relacionadas

con el estereotipo de las figuras, que veremos más adelante, pero también, con la repetición de la modalidad; en el tratamiento de áreas y de perímetros, el estudiante ha sido indocto a usar sólo figuras recurrentes de un cierto tipo, que al final reconoce explícitamente como únicas y lícitas; por tanto, aquellas que no reconoce son refutadas; entre las expectativas implícitas del docente está, según su opinión, aquella de desconocer figuras que no son usualmente utilizadas.

2. Hemos visto cómo se busca siempre expresar todo a través de fórmulas, en ocasiones desmañadas; el estudiante es así indocto a creer que se deba, necesariamente, expresar todo por medio de fórmulas y así prefiere no usar un buen recurso lingüístico, por ejemplo, aceptando expresar con palabras cómo ve las cosas, sino que hace uso de fórmulas porque considera que esto es lo que el docente espera de él. Por ejemplo, hemos escuchado a estudiantes afirmar que "no recuerdan" si en la fórmula del área del rombo se debe dividir por 2 o no (no es claro qué es lo que se debe o no dividir).

3. Es difícil distinguir entre influencias debidas a factores diversos, por ejemplo, la supuesta necesidad de *tener que* dibujar siempre el rombo con las diagonales horizontal y vertical es debida ciertamente a estereotipos y misconcepciones (como veremos); pero si el docente siempre ha dibujado el rombo de esta forma y acepta de buena gana hacer referencia al libro de texto, donde el rombo es siempre presentado en dicha forma, difícilmente el estudiante podrá romper dicho contrato, aceptar un rombo dibujado de otra forma, y por tanto hacer propia la idea que el área se encuentra multiplicando la medida de un lado por la medida de una altura relativa a dicho lado. Llegará a decir, como lo hemos escuchado en más de una ocasión, que dicha fórmula *no se puede aplicar al rombo*. Sin embargo, el mismo estudiante no tendrá ninguna duda en afirmar que el rombo es un caso particular de los paralelogramos.

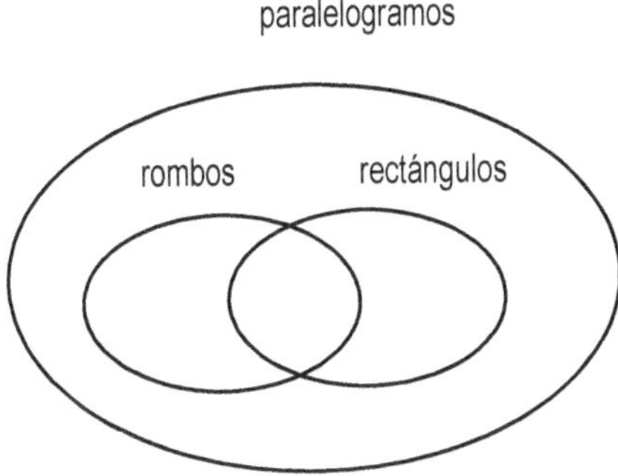

4. No a estudiantes, sino a docentes, les mostramos cómo se puede calcular el área del cuadrado multiplicando la suma de las bases por la altura y dividiendo por 2, la típica fórmula que se da para calcular el área del trapecio, dado que el cuadrado es un caso particular de trapecio:

$$A_{cuadrado} = \frac{(l+l)\times l}{2} = \frac{2l^2}{2} = l^2$$

Lo mismo vale para el rectángulo:

$$A_{rectángulo} = \frac{(b+b)\times h}{2} = \frac{2bh}{2} = bh$$

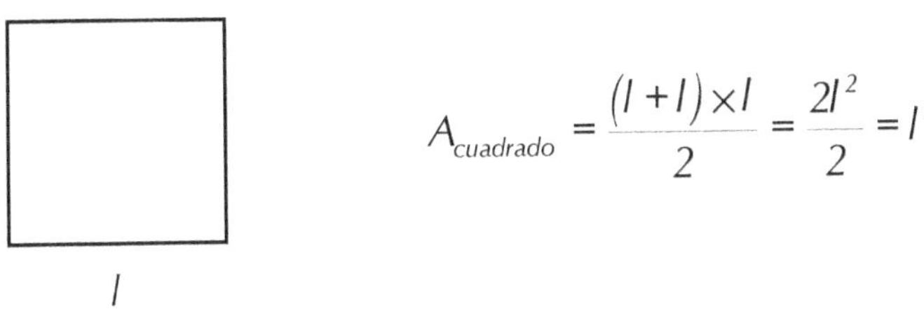

El asombro, manifestado más de una vez, es ciertamente debido a una situación de contrato didáctico: el área del cuadrado (rectángulo) siempre se ha calculado de una sola forma, el área del trapecio de otra forma; mezclar estas informaciones va más allá de la costumbre y *arriesgarse* a realizarlo es posible sólo rompiendo, precisamente, el contrato. Todo se puede decir menos que sea fácil.

Los estudios sobre el contrato didáctico han evidenciado situaciones que, implícitamente, estaban bajo los ojos de todos pero no siempre entendidas o expresadas claramente. En las relaciones entre área y perímetro la situación es, además de evidente, recurrente: el estudiante renuncia a arriesgarse, renuncia a hacerse responsable de su propio aprendizaje, en primera persona, y actúa contractualmente, considerando que este debe ser su trabajo, pensando que es precisamente esto lo que se espera de él.

5.2. Exceso de representaciones semióticas

Dado que la matemática se ocupa de objetos no disponibles concretamente en la realidad empírica (punto, recta, número, relación,...), no existe otra forma para tratar estos objetos sino recurriendo a oportunos registros semióticos para representarlos. Por tanto, mientras en botánica se pueden mostrar flores y hojas, en química ácidos y bases, para después en un segundo momento exponer sus representaciones (figuras y fórmulas), en matemática se usan sólo e inmediatamente representaciones. Se elige un registro semiótico y en éste se hacen diversas representaciones del objeto en cuestión. Pero, como afirma Raymon Duval en su célebre *paradoja* (Duval, 1993), el riesgo que se corre es que el estudiante confunda las representaciones con el objeto matemático, aprendiendo a manejar sólo las representaciones semióticas, pero sin construir en su mente el objeto matemático.

Sobre este punto, central en el manejo del proceso de enseñanza-aprendizaje de la matemática, remitimos a D'Amore (2005) y a Fandiño Pinilla (2008, específico para el caso de las fracciones).

Nosotros mismos hemos evidenciado otra situación aparentemente paradójica:

- de una parte, este peligro se transforma en un fracaso de aprendizaje cuando se tiene un exceso de representaciones semióticas de manejar (D'Amore, 2002a; b); el estudiante se confunde y dedica toda su atención a la gestión de los registros semióticos y no al aprendizaje del concepto;
- por otro lado, es necesario, para la construcción del conocimiento matemático, pasar a través de la conciencia y el dominio de los tres componentes de la semiótica (D'Amore, 2005):

- elección de los elementos que se quieren representar y del registro semiótico en el cual se va a hacer la representación;
- transformación de tratamiento: pasar de una representación en determinado registro a otra representación, en el mismo registro;
- transformación de conversión: pasar de una representación en un determinado registro, a otra representación, en un registro diverso.

No hay una solución, a parte la obvia responsabilidad profesional del docente. Sabiendo cómo están las cosas, la propuesta de diversos registros y de diversas representaciones semióticas debe llegar con el análisis de los puntos precedentes.

Ejemplos

En el caso particular del área y del perímetro, la cantidad de registros semióticos a disposición es grande: hemos visto ya varios ejemplos en este libro, pero, para evidenciarlo, basta abrir un libro de texto cualquiera.

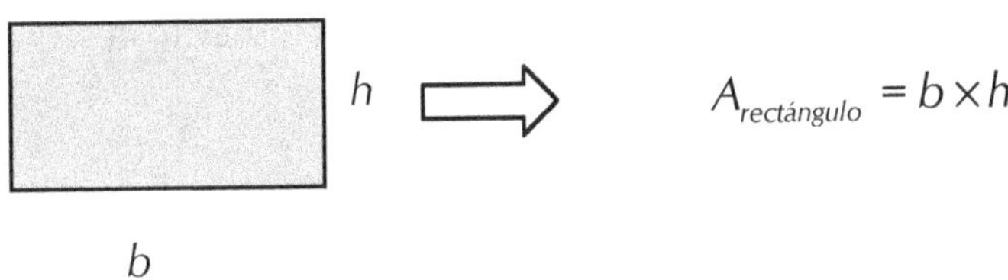

$$A_{rectángulo} = b \times h$$

A esto se agrega la increíble variedad de significados, es decir de objetos, en juego:

- a veces b está por la base; a veces por la medida de la longitud de la base;
- a veces l está por el lado; a veces por la medida de la longitud del lado;
- en muchos países h, letra exótica para indicar un concepto para nada fácil, está por la altura; pedimos a los docentes y a los estudiantes si lo que estamos indicando pudiera ser "una altura" del rectángulo:

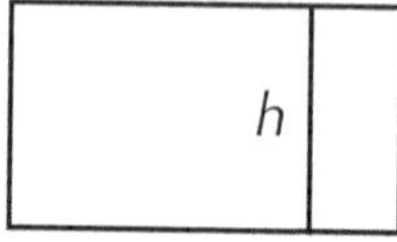

y muchos entrevistados han dado respuestas negativas; ¿cómo explicar esta misconcepción? (Sbaragli, 2005).

Pensemos, además, en las transformaciones de las figuras, continuamente en juego cuando se trata de área y perímetro, pero en particular en el estudio del área:

*   a veces las figuras son sometidas a isometrías, dando por descontado que las propiedades métricas de dichas figuras permanecen inalteradas;
*   a veces las figuras son sometidas a "cortes" y a "recomposiciones", especialmente para determinar sus áreas, llevando a figuras cuyas áreas supuestamente son ya conocidas y adquiridas.

Todas estas son transformaciones semióticas que el adulto, quien tiene el concepto, domina, pero que para el estudiante pueden ser obstáculos insuperables para la conceptualización; el estudiante podría alcanzar, como decíamos antes, a manejar los diferentes registros semióticos, pero no está dicho que esto lo lleve ciertamente a la construcción conceptual.

No se aprende *automáticamente* a manejar los diversos registros, a elegir los rasgos característicos del objeto que se va a representar, a convertir; este aprendizaje debe ser, necesariamente, el resultado de un proceso explícito de enseñanza, proceso en el cual el docente llama al estudiante a ser co-responsable.

El docente, con relativa frecuencia, subvalora este aspecto y pasa de un registro al otro, convencido de que el estudiante lo sigue; debemos siempre recordar las condiciones de la paradoja de Duval. Incluso el docente puede permitirse pasar de un registro a otro sin problemas, porque ya tiene el concepto; pero el estudiante no, el estudiante lo sigue en el plano de las representaciones semióticas, no en sus significados o en el sentido que debe dar a los objetos matemáticos en juego (D'Amore, 2006c). El riesgo es enorme. La aparente simplicidad, la aparente legibilidad de ciertos registros, la aparente habilidad demostrada por el estudiante en la gestión de los diversos registros, no nos debe hacer creer que se ha dado la conceptualización.

Un ejemplo

La fórmula $A = \dfrac{(B+b) \times h}{2}$ es reconocida como específica para el trapecio; y esto es verdad: no vale para los otros cuadriláteros que no son trapecios; sin embargo no es reconocida ni siquiera como válida para aquellos cuadriláteros que son casos especiales de trapecios; supongamos, por ejemplo, que asignamos $B = b = h = l$ para llegar a la fórmula del cuadrado $A = l^2$, siguiendo el ejemplo dado líneas arriba. La segunda se obtiene por tratamiento de la primera, pero pocos estudiantes están dispuestos a admitir que la primera funcione en el caso del cuadrado dado que la transformación de tratamiento no es reconocida como tal. No estamos hablando de estudiantes de escuela primaria, que quede bien claro, a quienes no se les propone ni siquiera la cuestión, estamos haciendo referencia a estudiantes de mayor nivel escolar.

Muchos otros ejemplos se dan en D'Amore (2006c).

5.3. Imágenes y modelos formados antes de tiempo

Por su naturaleza, el ser humano se forma espontáneamente imágenes mentales de todo aquello con lo cual entra en contacto en forma sensible (vista, oído, tacto,...).

Si se pronuncia el nombre de un objeto y ese objeto es desconocido para quien lo escucha, no se debe creer que dicha persona no esté en grado de hacerse una imagen de dicho objeto. El sujeto se hace una imagen que puede ser una figura, o un sonido, o una palabra, en forma confusa, o completa, o sólo parcial, sobre la base de sus propios conocimientos y experiencias.

Si se dice a un estudiante de 8 años que está por iniciar una sucesión de lecciones sobre el área y el perímetro, no se debe pensar que dicho estudiante sea una *tabla rasa* o una jarra vacía que debe ser colmada. Estas palabras, por sí solas, incluso sin cognición específica, producen una o más imágenes.

Siguiendo a D'Amore (2005; 2006a), proponemos la siguiente terminología:

"*Imagen mental* es el resultado figural o proposicional producido por una solicitud (interna o externa). La imagen mental está condicionada por influencias culturales, estilos personales, en pocas palabras es un producto típico del individuo, pero con constantes y connotaciones comunes entre individuos diversos. Ésta puede ser elaborada más o menos conscientemente, pero, incluso esta capacidad de elaboración depende del individuo. Sin embargo la imagen mental es interna y en primera instancia es involuntaria".

En el proceso de enseñanza y de aprendizaje, "el estudiante se construye una imagen I_1 de un concepto C; él la piensa estable, definitiva. Pero, en un cierto punto de su historia cognitiva, recibe informaciones sobre C que no estaban contempladas en la imagen I_1 que tenía. Él debe, entonces (y esto puede ser debido a un conflicto cognitivo, *creado* por el docente), adecuar la *vieja* imagen I_1 a una nueva, más amplia, que no sólo conserve las informaciones precedentes, sino que incorpore coherentemente las nuevas. De hecho, él se construye una nueva imagen I_2 de C. Dicha situación puede repetirse muchas veces durante la historia escolar de un estudiante, obligándolo a pasar de I_2 a I_3 ... (...) Muchos de los conceptos de la matemática han sido alcanzados gracias a pasajes, durante meses o años, de una imagen a otra más completa y esta sucesión de construcciones conceptuales, es decir I_1, I_2, I_3, ..., I_n, I_{n+1} puede ser imaginada como una especie de ascensión, de *acercamiento* a C. En determinado momento de esta sucesión de imágenes, hay un punto en el cual la imagen a la cual se ha llegado después de varios pasajes *se resiste* a nuevas informaciones, se demuestra *fuerte* como para incluir todas las argumentaciones e informaciones nuevas que llegan respecto a C que representa. Una imagen con estas características, es decir, estable y por lo tanto inmutable, se puede llamar *modelo* M del concepto C".

Se puede pensar, por lo tanto, que el modelo (mental) M del concepto C del estudiante E sea la imagen (mental) final de una sucesión de imágenes cada vez más elaboradas y comprensivas que se ha hecho E, en una especie de camino ideal en el cual el docente tiene la tarea de guiar a E.

También se puede pensar que el modelo M del concepto C del estudiante E sea el conjunto de todas las imágenes que, a propósito de C, se ha hecho E.

En todo caso, al modelo M se le da el nombre de modelo (mental) *interno*. Se trata, de hecho, de un modelo *privado*, al cual el estudiante debe hacer referencia cuando deba producir un modelo *externo*, por ejemplo en situación de comunicación con otros, adultos o coetáneos.

"Hacerse un modelo de un concepto, por tanto, significa reelaborar sucesivamente imágenes (débiles, inestables) para llegar a una de esas definitiva (fuerte, estable)".

Desafortunadamente, este es el punto de vista teórico, pero no siempre las cosas funcionan así; de hecho se presentan dos posibilidades:

- "M se forma en el momento justo, en el sentido de que se trata en verdad del modelo (...) que el docente auspiciaba para C; la acción didáctica ha funcionado y el estudiante se ha construido el modelo M del concepto C deseado por el docente.
- M se forma demasiado temprano, cuando representa sólo una imagen que debería ser ampliada ulteriormente; en este punto no es fácil alcanzar el concepto C, porque la estabilidad de esta imagen parcial M es por sí misma un obstáculo para los aprendizajes futuros".

Por tanto, para decirlo de una manera muy sencilla, se requiere actuar de forma tal que el estudiante E llegue a la construcción deseada de C gracias a un adecuado modelo M formado en el momento justo.

El docente tiende, con frecuencia, por obvios motivos relacionados con la esperanza de un suceso cognitivo, a proponer

"una imagen fuerte y convincente del concepto C, que se vuelve persistente, confirmada por continuos ejemplos y experiencias; la imagen se transforma en *modelo intuitivo*. Existe, en fin, una correspondencia directa entre la situación propuesta y el concepto matemático que se está utilizando; pero este modelo podría no ser aún el modelo que se espera al interior del saber matemático para el concepto C. Por tanto, entre los modelos, se reserva el nombre de *modelo intuitivo* a aquellos modelos que responden plenamente a las solicitudes intuitivas y que tienen por tanto una aceptación fuerte e inmediata (Fischbein, 1985, 1992)".

Se habla también, en ocasiones, de *modelos parásitos*. Los ejemplos más conocidos en este campo, estudiados en primer lugar por Fischbein, son aquellos ligados a las siguientes convicciones (que, más adelante, nos llevarán a hablar de *misconcepciones*).

Proponemos algunos sólo como forma de ejemplo.

- La multiplicación entre dos números naturales da lugar a un producto que, ciertamente, es mayor que cada uno de los factores; esta afirmación es verdadera en N, conjunto de los números naturales, pero no lo es en Q^a, conjunto de los racionales absolutos. Pero, el modelo intuitivo de la multiplicación en Q^a podría coincidir con el modelo que el estudiante se ha construido de N, evidentemente demasiado temprano; la idea de limitar la enseñanza de la multiplicación sólo al ordenamiento en filas y columnas en la escuela primaria, no ayuda ciertamente en esta empresa cognitiva; "no es una casualidad que muchos estudiantes de los grados superiores (incluso universitarios) se declaren sorprendidos frente al hecho que entre las dos operaciones: 18×0.25 y $18 \div 0.25$ la primera es la que da un resultado menor. Ellos conservan el modelo incorrecto que se formaron en la escuela primaria con base en el cual *la multiplicación aumenta los factores*" (D'Amore, 2005). En realidad, esta *sorpresa* no se limita a los estudiantes únicamente, la encontramos también entre docentes tanto en formación como en servicio.
- En la división entre *a* y *b*, *a* debe ser mayor de *b*. De hecho a los jóvenes estudiantes se les presenta la división apoyada en dos modelos intuitivos:
  - se *reparten* *a* objetos en *b* contenedores y se pregunta cuántos objetos se deben disponer en cada uno de los contenedores (división por repartición);
  - se calcula cuántos contenedores sirven para *contener* *a* objetos reunidos de *b* en *b* en cada uno (división por contenencia).

En estos dos casos, de hecho, *a* y *b* deben ser números naturales con $a>b$ pues en caso contrario la situación propuesta no tiene sentido.

Si estas situaciones permanecen como imágenes de la división, para convertirse en modelo sólo después de la introducción de la división en Q^a, bien. Desafortunadamente, por el contrario, en la mayor parte de los casos, esta imagen de la división se transforma en modelo intuitivo y este modelo, así construido, se transforma en obstáculo insuperable para la construcción de un buen modelo eficaz y completo de la división; además, con modelos intuitivos de la división ligados a las llamadas "reparticiones" y "contenencias", muy pocos son los estudiantes capaces de dar sentido a situaciones como la sugerida por Fischbein (1985): "0,75 litros de naranjada cuestan 2 dólares; ¿cuánto cuesta un litro?"; la operación que resuelve el problema es 2÷0,75 pero, entre quienes fue planteado el problema, niños, estudiantes de niveles superiores, docentes en servicio y en formación, universitarios, estudiantes de postgrados, sólo pocos, poquísimos, la aceptan; muchos son quienes prefieren pasar a la proporción: 0,75:2=1:x y sólo cuando resuelven la ecuación lineal, una vez que encuentran $x = \dfrac{1\times2}{0,75}$, están dispuestos a realizar la división 2÷0,75 pero como resultado de la aplicación de una regla, no de la "traducción" directa del texto problemático en una fórmula aritmética equivalente.

En la sustracción se privilegia, en ocasiones, *sólo* la imagen "quitar" y así esta imagen se transforma rápidamente en modelo, entre otras cosas, haciendo coincidir el modelo intuitivo con el modelo formal. Por lo que, un ejercicio como "Si quitamos 3 canicas de un conjunto de 10 canicas, ¿cuántas canicas quedarán?" tiene un porcentaje de respuestas correctas cercano al 100% en un curso de 2° primaria, mientras que "tengo 3 canicas, pero necesito 10 para entrar en el juego; ¿Cuántas canicas debo *agregar* a aquellas que ya tengo?" tiene un porcentaje de respuesta positiva mucho menor del precedente, como lo revela Fischbein (1985). El hecho es que el estudiante, en el segundo ejercicio, no reconoce la solución con una sustracción en cuanto no corresponde al modelo intuitivo inicialmente propuesto y ya construido; él tiende por tanto a escribir en el segundo caso 3+7=10 en lugar de 10-3=7, privilegiando el papel intuitivo de la palabra *agregar* que aparece en el texto.

Los ejemplos podrían continuar no sólo en el campo del aprendizaje de la aritmética, sino también en el de la geometría, de la probabilidad, de la lógica, etc., pero remitimos a D'Amore (2005; 2006a) para conocerlos y en particular para un análisis mucho más profundo.

Reportamos aquí una orientadora frase de Fischbein (1985): "Cada operación aritmética posee, además de su significado formal, uno o más significados intuitivos. Los dos niveles pueden coincidir o no".

Volvamos a D'Amore (2005) para obtener una conclusión:

"Didácticamente, conviene dejar imágenes aún inestables, en espera de poder crear modelos más significativos, lo más cercano posible al saber matemático que se quiere alcanzar. Más *fuerte* es el modelo intuitivo, más difícil es infringirlo para *acomodarlo* a una nueva imagen. En fin, la imagen-misconcepción no debe convertirse en modelo dado que, por su misma naturaleza, está en proceso de organización definitiva. Se trata entonces de no dar informaciones distorsionadas o incorrectas; no sólo no darlas en forma explícita, sino evitar que se formen autónomamente, para no favorecer el surgimiento de modelos parásitos. Una sólida competencia del docente en didáctica de la matemática es, en este aspecto, de gran ayuda".

En el caso del área y del perímetro, sucede regularmente que una imagen se transforma en modelo (mental) interno, demasiado temprano, cuando aún debería ser sólo una imagen.

Ejemplos

*   Uso de figuras estereotipadas

Ya hemos discutido este punto y no lo repetiremos; el área se calcula siempre sobre figuras planas de cierto tipo, por ejemplo convexas. ¡Cuidado con pensar en preguntarse qué sucedería con figuras planas diversas de aquellas implícitamente establecidas como admisibles!. El modelo del área de las superficies de una figura se ha formado demasiado temprano, sólo sobre figuras estándar, mientras que debería permanecer aún como imagen.

*   Figuras planas sin área

Sólo ciertas figuras planas tienen área, aquellas que entran en las categorías usuales más aquellas que se obtienen de éstas por descomposición.[23] El modelo se volvió estable sólo sobre ciertas figuras, creando una misconcepción (término que por ahora es intuitivo) difícilmente superable. Sin embargo, en la clase de geografía se dice que la superficie de Italia[24] mide 301.308 km^2, medida que, para quien está construyendo el concepto, tiene poco que ver con lo que se ha estudiado en geometría.

- Si existe un área debe existir una fórmula para determinarla

Se trata del problema inverso del precedente; a la pregunta sobre cómo los geógrafos establecieron la medida de la superficie de Italia, las respuestas son: "No lo sé, debe haber una fórmula...". Se ha insistido tanto sobre la medida indirecta del área a través de fórmulas, que se piensa que la medida directa del área no es posible. Este modelo recuerda una investigación (Cassani, Deleonardi, D'Amore, Girotti, 1999) en la cual estudiantes de 3° de educación media (13-14 años) que sabían calcular perfectamente el volumen de una pirámide recta regular con base cuadrada en situación escolástica estándar, no tenían ni la menor idea de cómo resolver el mismo problema frente a una pirámide real, disponiendo de instrumentos de medida, entre estos una regla.

- Si el perímetro aumenta, el área aumenta

El caso más evidente de transformación de una figura es ciertamente la homotecia:

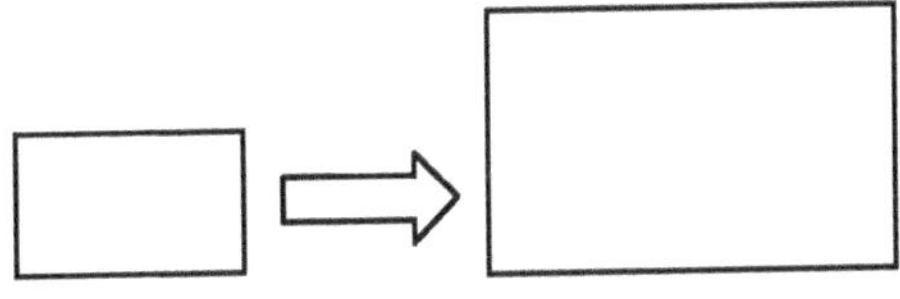

---

23. Por ejemplo frente a la figura:

algunos de los presentes prefieren hablar de "un triángulo sobre un rectángulo" con tal de no aceptar que se trata de un trapecio, dada la posición no estándar.

24. Excluida la República de San Marino (61 km^2) y Ciudad del Vaticano (0,44 km^2).

En tal caso, si aumento el perímetro, aumenta el área. Sólo que este ejemplo, que fue *por mucho tiempo* una imagen de las relaciones entre área y perímetro, se transforma inmediatamente en un modelo y dicha condición es insuperable.

El caso de la homotecia se asume como emblemático demasiado temprano; una "transformación" como esta:

donde crece el perímetro y disminuye el área se acoge como si se tratara de un chiste y provoca escepticismo: "Así no vale, ¡es un truco!".

Los ejemplos podrían multiplicarse durante mucho tiempo y en infinitas situaciones...

Nota.

El lector se habrá dado cuenta de que las cosas se entrelazan entre ellas; es difícil separar los argumentos de didáctica de la matemática los unos de los otros; nosotros nos estamos esforzando en hacerlo, porque suponemos que puede haber lectores que no dominan esta disciplina.

Por esto, nos vemos obligados a recurrir a pequeños trucos expositivos. En ocasiones, el *mismo ejemplo* que damos en un parágrafo podría ser usado en otro, con una explicación diversa; o, mejor aún, en los dos casos, con un discurso más amplio.

Por otra parte, quien ha ya leído el libro análogo a éste sobre las fracciones (Fandiño Pinilla, 2007), habrá notado que estamos tomando apartados completos de este libro; el hecho es muy interesante y *demuestra* que la didáctica de la matemática es en verdad un potente y versátil instrumento que puede ser utilizado en diversos sectores, un instrumento transversal que espera ser empleado en diferentes ejemplos y, por qué no, en campos diversos.

5.4. Misconcepciones

En esto parágrafo nos serviremos, además del ya conocido D'Amore (2005; 2006a), también de D'Amore, Sbaragli (2005) y de Sbaragli (2005).

Ligada a las ideas de "imágenes" y de "modelo de un concepto que se formó demasiado temprano", existe una importante cuestión que hace referencia a la *misconcepción,* ya nombrada por parte nuestra, aunque en forma intuitiva.

"Una misconcepción es un concepto errado y por tanto constituye, genéricamente, un evento que debe ser evitado. Ahora bien, la misconcepción no debe verse como una situación del todo negativa: no se excluye que, para poder alcanzar la construcción de un concepto, sea *necesario* pasar a través de una misconcepción momentánea. Se puede notar cómo, al menos en determinados casos, algunas imágenes pueden ser verdaderas y propias misconcepciones, es decir, interpretaciones erradas de las informaciones recibidas" (D'Amore, 2005).

La investigación ha dado sobre este tema muchas informaciones y numerosos ejemplos.

"Por ejemplo, en una clase de 3° primaria, un estudiante realizaba las siguientes sustracciones en columna, de la siguiente forma:

37-	89-	26-	56-
24=	67=	18=	43=
—	—	—	—
13	22	12	13

El docente observó que tres de las cuatro sustracciones habían sido realizadas correctamente y, en consecuencia evaluó con una nota positiva, pero invitó al estudiante, en la tercera sustracción, a "tomar prestada una decena". El estudiante no entendía por qué se estaba hablando de decenas ya que él tenía una regla muy personal: para realizar las sustracciones en columna se inicia de derecha a izquierda y, en cada columna, se sustrae el menor del mayor. Su regla había sido confirmada en varias ocasiones; la información que hacía referencia a casos como el de la tercera sustracción no le había llegado, ¡quien sabe por qué motivo!, y es así como en su "currículo escondido" ya había asimilado esta "regla". Regla que funcionaba bien *casi* siempre y, en los casos negativos, no entendía el por qué: de hecho, estaba usando *correctamente*, una regla que no sabía que era incorrecta. Una verdadera y propiamente dicha misconcepción. (Sobre la diferencia entre currículo enseñado y currículo aprendido, remitimos a Fandiño Pinilla, 2002)" (D'Amore, 2005).

Los ejemplos posibles de misconcepciones son numerosísimos, tomados de la aritmética, de la geometría etc., y por esto remitimos, no sólo a los textos citados anteriormente, sino también a Sbaragli (2005), texto específicamente dirigido a este tema, donde se hace una distinción entre misconcepción "evitable" (es decir no necesaria) e "inevitable" (es decir un paso necesario hacía la construcción del modelo de un determinado concepto).

Por tanto, nosotros propendíamos por el sentido dado por D'Amore (2006a), considerando las misconcepciones como "concepciones momentáneas no correctas, en espera de una organización cognitiva más elaborada y crítica. Pero, atención: el estudiante no lo sabe y por tanto entiende que sus ideas, aquellas que el investigador considera como misconcepciones, son conocimientos propiamente dichos. Es el adulto quien sabe que lo que han elaborado los jóvenes son misconcepciones. Llamarlas errores es demasiado simplista y banal: no se trata de castigar, ni de evaluar negativamente; se trata, por el contrario, de dar instrumentos para una elaboración crítica" (D'Amore, 2005; 2006a).

En cierto sentido, por tanto, las misconcepciones, entendidas como lo hemos expresado, no son necesariamente eliminables, ni constituyen un daño irreparable. Podrían incluso ser interpretadas como un paso delicado y necesario de una primera concepción elemental (ingenua, espontánea, primitiva,...) a otra más elaborada y auspiciada.

Los ejemplos posibles en el caso del área y del perímetro son múltiples. Ya hemos estudiado algunos de estos, en ocasiones bajo otras denominaciones. Sin embargo, haciendo referencia a los interesantes ejemplos presentados en Sbaragli (2005), queremos subrayar uno de estos que ha tenido una gran influencia en nuestro campo, referido al área y al perímetro.

Se tienen misconcepciones difusas entre estudiantes y docentes sobre términos de uso general en geometría elemental, como son "base" y "altura": "base" es indicada a veces como "aquello que está abajo" y la "altura" es algo "que va de arriba hacía abajo".

Esta es la razón por la cual Sbaragli señala casos como el siguiente:

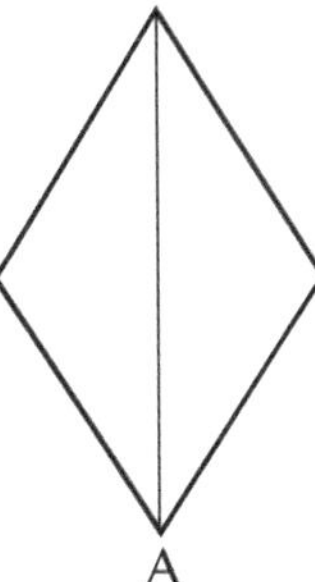

En donde la "base" se identifica con el punto-vértice A; la altura coincide entonces con la diagonal y la fórmula del área (base por altura) pierde todo significado.

Conocer, a través de la teoría de las misconcepciones, los problemas cognitivos con los cuales luchan continuamente los estudiantes, ayuda a decidir la estrategia de intervención a usar. No será, simplemente, repitiendo las definiciones como se resolverá el problema. En este sentido la didáctica de la matemática es un instrumento útil y potente.

5.5. Obstáculos ontogenéticos, didácticos y epistemológicos

Así como otras ideas se mostraron fecundas para la investigación en didáctica de la matemática y para estudiar la práctica de aula, también la idea de *obstáculo* proviene de los estudios originales de Guy Brousseau iniciados en el lejano 1968, otros de 1972 y 1976 (Brousseau, 1972, 1976), hechos célebres por un trabajo específico de 1983 y del ya citado muchas veces (Brousseau, 1986); pero dicho concepto ya estaba presente en estudios filosóficos de Gastón Bachelard (1884-1962) (1983), aunque restringido sólo a las ciencias naturales.

Gastón Bachelard
(1884-1962)

Citaremos a D'Amore (2005, en el cual aparece, no por casualidad, un prefacio precisamente de Brousseau) para argumentar:

"(...) obstáculo es una idea que, en un momento particular de la formación de un concepto, resultó eficaz para afrontar problemas precedentes (incluso sólo cognitivos), pero que se convierte en fracaso cuando se intenta aplicar en un nuevo problema. Dado el éxito obtenido (es más, gracias precisamente a este éxito), se tiende a conservar la idea ya adquirida y comprobada y, no obstante el fracaso, se intenta salvarla; pero este hecho termina siendo una barrera para los aprendizajes sucesivos".

Generalmente se hace una distinción entre tres tipos de obstáculos: de naturaleza ontogenética, de naturaleza didáctica y de naturaleza epistemológica, que estudiaremos brevemente a continuación, siempre citando a D'Amore (2005).

Obstáculos ontogenéticos (ligados al alumno y a su naturaleza)

"Todo sujeto que aprende desarrolla capacidades y conocimientos que son propios de su edad mental (que puede ser distinta de la edad cronológica), por tanto adecuados a los medios y a los objetivos de dicha edad: en relación con la adquisición de ciertos conceptos, estas capacidades y conocimientos pueden ser insuficientes respecto al proyecto didáctico del docente y pueden constituir, por tanto, obstáculos de *naturaleza ontogenética* (es posible que el estudiante tenga limitaciones neurofisiológicas debidas sólo a su edad cronológica)".

Obstáculos didácticos (ligados al docente y a sus elecciones)

"Todo docente elige un proyecto, un currículo, un método, interpreta personalmente la transposición didáctica según sus convicciones tanto científicas como didácticas: él cree en dicha elección y la propone a la clase porque la considera eficaz; pero lo que en realidad es eficaz para unos estudiantes, no está dicho que sea eficaz para los otros. Para estos *otros*, la elección de *dicho* proyecto se revela como un *obstáculo didáctico*".

Obstáculos epistemológicos (ligados a la naturaleza misma de los argumentos de la matemática)

"Todo argumento de carácter matemático tiene su propio estatuto epistemológico que depende de la historia de su evolución al interior de la misma matemática, de su aceptación crítica en el ámbito de la disciplina, de las reservas que le son propias, del lenguaje en el cual se expresa o que requiere para poderse expresar. Cuando en la historia de la evolución de un concepto se reconoce una falta de continuidad, una fractura, cambios radicales de concepción, entonces, se supone que dicho concepto tiene en su interior obstáculos de carácter epistemológico para ser adquirido; esto se manifiesta, por ejemplo, en los errores recurrentes y típicos de varios estudiantes, en clases diversas, que permanecen a través de los años".

Un ejemplo de *obstáculo ontogenético* puede ser el siguiente: teniendo como base la edad y la situación de madurez cognitiva, existen argumentos que no pueden ser afrontados en ciertos niveles escolares. Por ejemplo, se ha visto que el aprendizaje de la "implicación material" entre enunciados A y B (que se indica: A $\longrightarrow$ B) en lógica, se muestra como un fracaso en los estudiantes menores de 14 años, no obstante el énfasis que acompañó el ingreso de la lógica en la didáctica cotidiana en matemática (para una crítica a este propósito referida a la situación italiana en los 80 y primer lustro de los 90, véase D'Amore, 1991).

Entre los aprendizajes ligados al área y al perímetro, muchos pueden ser pensados como verdaderos y propios obstáculos ontogenéticos, por ejemplo, aquellos ilustrados en el apartado 1.6. Pero sin llegar a estos obvios extremos, hemos podido comprobar las dificultades conceptuales incluso en situaciones aparentemente más simples.

En el preescolar y en los primeros años de la escuela primaria, se usa mucho el tangram; en su versión clásica, se trata dividir un cuadrado en siete componentes que después se recomponen formando figuras diversas.

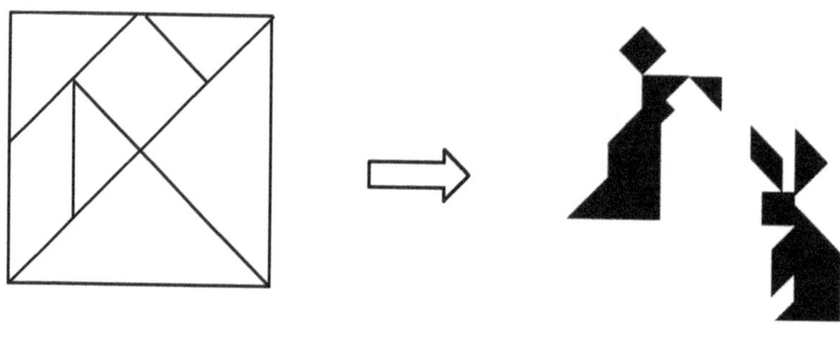

Un cuadrado dividido en siete partes

Dos de las posibles figuras recomponiendo las siete partes: la dama, el conejo

Cualquiera que sea la figura así obtenida, teniendo como base el axioma según el cual *figuras equi-descomponibles son equi-extensas,* se tiene que: todas las figuras obtenidas con las partes del tangram tienen la misma superficie; dicha superficie coincide, obviamente, con la superficie del cuadrado de partida.

Sin embargo, una frase análoga no vale para los perímetros; como lo sabemos sobre la base de la ley de reciprocidad: entre todas las figuras equi-extensas posibles, la de perímetro menor es la figura regular. Por tanto, las figuras obtenidas del mismo cuadrado pueden tener perímetros diversos y el cuadrado es la figura con el perímetro mínimo.

Pues bien, hemos asistido a tentativos de hacer participar a los niños en situaciones tales que pudieran descubrir relaciones recíprocas entre área y perímetro de las figuras obtenidas con el tangram, tentativos que han dado poco éxito. Consideramos que la causa del fracaso puede ser explicada por la presencia de obstáculos ontogenéticos.

Un ejemplo de *obstáculo didáctico* es la propuesta que hacen algunos docentes de primaria en el momento de presentar los objetos geométricos actualmente infinitos: el segmento como infinidad de puntos, la recta como figura ilimitada formada por infinitos puntos ordenados en fila. El modelo de mayor difusión en la escuela primaria es el del segmento como un collar de perlas que, por su sencillez, es aceptado inmediatamente por los estudiantes convirtiéndose en un modelo intuitivo; esto constituye un evidente obstáculo didáctico en el momento en el cual se debe introducir la idea de densidad, en la misma escuela primaria (por ejemplo cuando se quiere ordenar fracciones y números con la coma sobre la línea numérica) y aún más en la escuela secundaria, y cuando se debe introducir la idea de continuidad en la escuela superior.

Investigaciones muy bien llevadas han evidenciado ampliamente que los estudiantes de los niveles superiores (último año de la escuela superior, primeros años de la universidad) no logran dominar el concepto de continuidad precisamente a causa de este modelo persistente e intuitivo de segmento como collar de perlas (Arrigo, D'Amore, 1999; 2004). La recta como segmento prolongable y el conteo de los números naturales, parecen dar al estudiante la capacidad de ver sólo el infinito potencial en detrimento del infinito actual, lo cual se presenta como un obstáculo didáctico para los cursos siguientes. Sobre este tema, véase también Sbaragli (2004) que lo profundiza.

Entre los aprendizajes relacionados con el área y el perímetro, muchos pueden ser pensados inexorablemente como obstáculos didácticos. Estos son, generalmente, debidos a elecciones hechas por el docente cuando debe presentar los varios elementos de aquella específica didáctica, sobre la base del sentido común o de la tradición.

Por lo general, estas elecciones tienen éxito y entran arraigándose, creando imágenes que se convierten en modelos anticipadamente; en realidad se trata de misconcepciones que el alumno cree concepciones correctas. Cuando intenta aplicarlas a las nuevas situaciones, se convierten en fracaso.

Ya hemos dado algunos ejemplos de elecciones didácticas que se muestran como obstáculos:

- la elección de un tipo fijo de figuras estándar sobre las cuales se actúa;
- la obligación de transformar todo en fórmulas, incluso lo que puede ser analizado con el sentido común, perfectamente expresable en lenguaje informal;
- la ... condena a conocer no sólo las fórmulas llamadas "directas" sino también aquellas "inversas";
- la elección de transformaciones (como las homotecias) de figuras que pueden funcionar en ciertas situaciones, pero que se convierten en fracaso en otras;
- frases del tipo: "No existen relaciones entre área y perímetro" o el evidenciar continuamente sólo las diferencias (el perímetro se mide en cm y el área en cm^2, como si para un joven estudiante esta frase tuviera significado).

Los ejemplos de *obstáculos epistemológicos* nos los proporciona o la historia de la matemática o la vida de aula:

- conceptos que en la historia han creado fracturas, discusiones, dificultades,... ciertamente, constituyen obstáculos epistemológicos; conceptos que han esperado siglos para ser tratados y aceptados como parte de la matemática, constituyen obstáculos epistemológicos;
- argumentos en los cuales los estudiantes cometen siempre los mismos errores, independientemente del tiempo y del espacio, ciertamente constituyen un obstáculo epistemológico.

Pues bien, la investigación ha demostrado que se trata, por lo general, de los *mismos* argumentos.

Veamos algunos ejemplos de obstáculos epistemológicos.

El concepto de infinito, necesario en la práctica escolar y en la práctica matemática, es difícil de manejar correctamente; este concepto se introduce desde los primeros días de formación escolar, cuando se aprende a contar, y después día a día se vuelve más indispensable; en la historia nace en forma explícita en el siglo V a. C. como objeto que merece ser estudiado; en las dos situaciones crea/creó grandes problemas y fuertes polémicas.

El concepto de cero, también necesario en la práctica escolar y en la práctica matemática es, igualmente, difícil de manejar correctamente; el concepto de cero aparece desde los primeros días de formación escolar, con la línea numérica y con la sustracción 3 - 3; sin duda su dominio crea siempre, incluso en la escuela superior, innumerables dificultades; en la historia nace sólo en el siglo VI d. C., en India, se afirma en Europa y en el mundo sólo después de violentas discusiones; los conquistadores europeos de Centro y Sur América, sedientos de oro y poco interesados en aspectos científicos, no reconocieron el hecho de que los Mayas, siglos atrás, habían elaborado un sistema posicional de base veinte, el cual comprendía el cero.

El concepto de números con signo (el conjunto Z de los números enteros); este concepto se introduce muy pronto en el proceso de formación matemática, se convierte en primordial para el álgebra; se sabe que crea no pocos problemas en los estudiantes para quienes es un verdadero obstáculo; en la historia nace en los siglos VI-VII, en India, pero estudiado en aritmética y después en álgebra en el siglo IX en el mundo árabe, acogido en el mundo europeo con escepticismo, fue aceptado plenamente sólo después de muchos siglos.

Entre los aprendizajes ligados al área y al perímetro, muchos pueden ser considerados como verdaderos obstáculos epistemológicos. Estos son fácilmente reconocidos en la historia y/o en la práctica didáctica.

Hemos visto cómo el cálculo del perímetro no creó en la historia episodios borrascosos ni se prolongó mucho en el tiempo; y, de hecho, el cálculo del perímetro o, más en general, encontrar la medida del contorno de un figura plana, no presenta grandes dificultades conceptuales ni en el aula ni fuera de ésta; por el contrario, la idea de área originó varias dudas; fue necesario esperar el análisis y los grandes progresos de la humanidad, para entender en verdad qué era un área, es decir la medida de una superficie, y así, entender plenamente las relaciones entre área y perímetro; ya los matemáticos de la antigua Grecia habían encontrado interesantes relaciones, pero fueron necesarios estudios más actuales para entender bien, en profundidad, la situación conceptual.

Los ejemplos podrían proseguir.

La idea de obstáculo lleva a pensar en la presencia y en la función del error en la práctica escolar; siguiendo a D'Amore (2005):

"El error, por tanto, no es únicamente resultado de ignorancia; por el contrario, puede ser el resultado de un conocimiento que ha dado buenos resultados, que ha sido satisfactorio, pero que no resiste cuando debe ser aplicado en situaciones de mayor contingencia o más generales. Por tanto, no se trata siempre de errores de origen desconocido, imprevisible, sino de la evidencia de obstáculos en el sentido anteriormente citado. Estas consideraciones han llevado a la investigación en didáctica de la matemática a revaluar en forma diversa la praxis usual del error y su papel".

5.6. Exceso de situaciones didácticas y ausencia de situaciones a-didácticas

Como el lector habrá notado, citamos repetidamente el nombre de Guy Brousseau cuando introducimos aquellos temas de didáctica de la matemática que, durante los 80, revolucionaron la investigación (y por tanto están aún revolucionado la práctica), en nuestro sector.

Entre todos los argumentos introducidos por el insigne estudioso francés, Medalla Klein,[25] ha dejado para el final el más importante, una teoría que, de alguna forma, reúne todas las anteriores, la llamada "teoría de las situaciones".

Nos serviremos de Brousseau (1986) y de D'Amore (2006a).

Situación didáctica es un contexto que el docente crea teniendo en cuenta el estado cognitivo de sus estudiantes, de las exigencias del programa,

---

25. Las Medallas "Felix Klein" y "Hans Freudenthal" son dos premios asignados cada dos años, creados por la International Commission on Mathematical Instruction –ICMI– para dar un reconocimiento a los más revelantes resultados obtenidos en el campo de la investigación en didáctica de la matemática. La medalla Felix Klein, del nombre del primer presidente del ICME (1908-1920), se otorga con el fin de honrar los resultados de toda una carrera como investigador. Pues bien, la primera medalla Klein de la historia fue atribuida a Guy Brousseau por su indiscutible mérito de pionero.

de la transposición, del ambiente; él la propone a sus estudiantes en forma explícita, actuando como mediador entre el "saber de enseñar" y sus estudiantes, declarando explícitamente lo que desea obtener, interviniendo activamente en su proceso de aprendizaje, acompañando a los estudiantes en el intento de explicar cada detalle, de declarar abiertamente qué se debe hacer, qué decir, cómo hacer para resolver, para escribir, etc. Todo explícito, tanto que el contrato didáctico es el elemento de éxito: de esta forma el esfuerzo del estudiante no es tanto el de aprender la matemática sino el de aprender a reconocer las expectativas del docente, explícitas pero sobre todo implícitas.

Situación a-didáctica es un entorno que, igualmente, el docente crea teniendo en cuenta el estado cognitivo de sus estudiantes, de las exigencias del programa, de la transposición didáctica, del ambiente; él la propone indirectamente o, mejor aún, si es posible no la propone, pero hace todo lo posible porque el estudiante entre en dicha situación. Con una acción que se llama *devolución*, responsabiliza a los estudiantes de la gestión de la situación; ellos saben que, aceptando tal responsabilidad, aprenden algo, es decir, saben que el objetivo de la actividad es un aprendizaje, pero no saben qué es lo que están por aprender; el consecuente empeño de los estudiantes se denomina *implicación*; los estudiantes trabajan, se empeñan, discuten, descubren, proyectan, resuelven; el docente no tiene la función de mediador sino la de un director de teatro; no entra en los detalles de la construcción que hacen los estudiantes sino que se limita a acompañar, a dirigir; cuando algún estudiante llega a la construcción del conocimiento que el docente sabe que es el deseado, cuando este estudiante declara de alguna forma el logro de este saber y el docente se da cuenta de la construcción personal, invita a dicho estudiante a expresarla públicamente, defendiendo su propia construcción (que ninguno de los estudiantes sabe sí es o no es la correcta) de las dudas o también de la oposición de otros estudiantes; esta defensa obliga al estudiante a pasar de un modelo interno a un modelo externo, a causa de la voluntad comunicativa creada por la situación; dicha acción es llamada *validación*; cuando se alcanza una construcción de conocimiento compartido, es decir, una especie de *socialización del conocimiento*. Cuando todos los estudiantes buscan la mirada del docente esperando una opinión que cierre la cuestión, el docente deja de tener una pura función de director de teatro, retoma la función de docente e *institucionaliza el saber* alcanzado, reconociéndole un *status* oficial de uso, un *status* teórico, dándole el nombre con el cual la sociedad lo reconoce. En esta situación, el contrato no desempeña un papel importante, dado que el docente no declara preliminarmente aquello que desea obtener y de esta forma el estudiante debe afrontar el problema de aprendizaje sin intentar reemplazarlo por el de adivinar las expectativas del docente, dado que éstas no fueron declaradas.

Por tanto, en los dos casos (situación didáctica y situación a-didáctica), existe un objetivo didáctico, sólo que en el primer caso dicho objetivo es declarado explícitamente, mientras que en el segundo no se devela. En las dos situaciones el ambiente es aprovechado (en positivo o en negativo), pero mientras que en el primer caso todo se revela explícitamente (actividades a realizar, cosas por hacer, elementos a tener presente,...) en el segundo caso el ambiente se opone a la construcción del conocimiento y el alumno lo debe doblegar a su propia voluntad.

Situación no-didáctica es, por último, una circunstancia en la cual no existen objetivos cognitivos por alcanzar, ni explícitos ni implícitos, es sólo una actividad que debe ser desarrollada o efectuada. No existe una meta cognitiva, pero no está dicho que el estudiante no adquiera igualmente algún conocimiento.

Ahora, si el lector tiene la paciencia de releer con atención, observará que:

- en la situación didáctica el estudiante no aprende la matemática, su objetivo de aprendizaje cambia;
- la única forma que tenemos para hacer que el estudiante construya un saber matemático es recurriendo a las situaciones a-didácticas;
- sin embargo, la situación didáctica se encuentra más frecuentemente en las aulas escolares, en las cuales el docente no renuncia a un papel mal interpretado y se interpone, sin darse cuenta, entre el estudiante y el aprendizaje de la matemática, proponiendo, por el contrario, el aprendizaje de sus expectativas (en la mayor parte de las ocasiones de forma implícita);
- la situación a-didáctica requiere de cierto coraje, una gran profesionalidad, mucha paciencia y gran capacidad de observación; dicha situación exige al estudiante arriesgarse a poner en juego sus propias convicciones.

En relación con el área y el perímetro, no creemos asombrar al lector diciendo que la mayor parte de las situaciones que el docente propone para su aprendizaje son didácticas, mientras que, pocas veces, recurre a situaciones a-didácticas, con el resultado que este libro y toda la literatura internacional denuncia: el fracaso de este aprendizaje.

El docente, en el tablero, diseña figuras, explica, ilustra; el estudiante aprende aquello que cree que el docente desea escuchar, cómo comportarse para tener la aprobación del docente, qué multiplicar, cómo realizar los diseños, cómo resolver problemas estándar: se diseña *la* figura, se toma *la* base, se usa *la* fórmula...

Todos sabemos hoy que la construcción de un aprendizaje significativo debería pasar a través de situaciones a-didácticas, pero lo cierto es que no son éstas las más usadas en la práctica escolar, mientras que deberían ser, sin dudas, las más privilegiadas, en área y perímetro, más que en otros temas.

El docente debería crear excelentes situaciones de aprendizaje matemático en relación con el perímetro, con el área, con las relaciones entre estos dos conceptos, sin anticipar los resultados que desea alcanzar. Su deber es el de proponer el compromiso: que el estudiante se implique, se responsabilice en la construcción del saber, sin conocer anticipadamente de qué se trata. Que descubra, que cree, que defienda su propia opinión, que la comunique, que la comparta... No para responder a las preguntas que después el docente formulará, sino para ganar en un juego, aquel juego que tiene como objetivo alcanzar un saber. Que el estudiante *rompa* continuamente el contrato didáctico, que *se decida a aprovechar* sus conocimientos, más allá de las exigencias que considera serán planteadas por el docente.

En área y perímetro, más que en otros sectores, esto es posible porque, actividades atractivas e interesantes ciertamente no faltan.

Bibliografía

AA. VV. (2004). Le competenze dei bambini di prima elementare: un approccio all'aritmetica. *La matematica e la sua didattica*. 1, 47-95.

Arrigo G., D'Amore B. (1999). "Lo veo, pero no lo creo". Obstáculos epistemológicos y didácticos en el proceso de comprensión de un teorema de Georg Cantor que involucra al infinito actual. *Educación matemática*. 11, 1, 5-24.

Arrigo G., D'Amore B. (2004). Otros hallazgos sobre los obstáculos en la comprensión de algunos teoremas de Georg Cantor. *Educación Matemática*. 16, 2, 5-20.

Azhari N. (1998). *Using the intuitive rule «Same of A, same of B» in conservation tasks*. Manuscrito no publicado, cit. en Stavy R., Tirosh D. (2001). *Perché gli studenti fraintendono matematica e scienze?* Trento: Erickson.

Bachelard G. (1938). *La formation de l'esprit scientifique*. París: Vrin.

Bagni G. (1996). *Storia della Matematica*. 2 volúmenes. Bologna: Pitagora.

Bagni GT., D'Amore B. (1992). La classificazione dei quadrilateri. *L'insegnamento della matematica e delle scienze integrate*. 15, 8, 785-814.

Bagni G., D'Amore B. (2007). *Leonardo y la Matemática*. Bogotá: Magisterio.

Battro A.M. (1969). *El pensamiento de Jean Piaget*. Buenos Aires: Emecé.

Brousseau G. (1972). Les processus de mathématisation. *Bulletin de l'association des professeurs de mathématique de l'enseignement public*. Numéro Spécial: *La Mathématique à l'école élémentaire*. (Este texto fue redactado para las Actas del Congreso de Clermont Ferrand del 1970).

Brousseau G. (1976). Les obstacles épistémologiques et les problèmes en mathématiques. *Comptes Rendus de la XXVIIIe Rencontre de la CIEAEM*. Louvain la Neuve. 101-117.

Brousseau G. (1980a). Les échecs electifs dans l'enseignements des mathématiques à l'école élémentaire. *Revue de laryngologie, otologie, rhinologie*. 101, 3-4, 107-131.

Brousseau G. (1980b). L'échec et le contrat. *Recherches en didactique des mathématiques*. 41, 177-182.

Brousseau G. (1983). Les obstacles épistémologiques et les problèmes en mathématiques. *Recherches en didactiques des mathématiques*. 4, 2, 165-198.

Brousseau G. (1986). Fondements et méthodes de la didactique des mathématiques. *Recherches en didactique des mathématiques*. 7, 2, 33-115.

Campolucci L., Fandiño Pinilla M.I., Maori D., Sbaragli S. (2006). Cambi di convinzione nella pratica didattica concernente le frazioni. *La matematica e la sua didattica*. 3, 353-400.

Carruccio E. (1964). *Mathematics and logic in history and in contemporary thought*. Londres: Faber and Faber.

Carruccio E. (1972). *Matematiche elementari da un punto di vista superiore*. Bologna: Pitagora.

Cassani A., Deleonardi C., D'Amore B., Girotti G. (1999). Problemas rutinarios y situaciones insólitas. El "caso" del volumen de la pirámide. *Números*. 38, 21-31.

Chamorro M.C. (1997). *Estudio de las situaciones de enseñanza de la medida en la escuela elemental*. Tesis de doctorado. Madrid: UNED.

Chamorro M. C. (2001-02). Le difficoltà nell'insegnamento – apprendimento delle grandezze nella scuola di base. *La matematica e la sua didattica*. I parte: 4, 2001, 332-351. II parte: 1, 2002, 58-77.

Chevallard Y. (1988). L'universe didactique et ses objects: fonctionnement et dysfonctionnement. *Interactions didactiques.* 9-37.

D'Amore B. (1991). logica Logica LOGICA, la didattica della logica fra gli 8 ed i 15 anni. En: D'Amore B. (editor) (1991). *La Matematica fra gli 8 ed i 15 anni.* Bologna-Roma: Apeiron. 79-90.

D'Amore B. (2001a). Una contribución al debate sobre conceptos y objetos matemáticos. *Uno.* 27, 51-76.

D'Amore B. (2001b). *Più che 'l doppiar de li scacchi s'inmilla.* Bologna: Pitagora.

D'Amore B. (2002a). Basta con le cianfrusaglie. *La vita scolastica.* 8, 14-18.

D'Amore B. (2002b). La complejidad de la noética en matemáticas como causa de la falta de devolución. *TED.* 11, 63-71.

D'Amore B. (2004a). Conceptualización, registros de representaciones semióticas y noética: interacciones constructivistas en el aprendizaje de los conceptos matemáticos e hipótesis sobre algunos factores que inhiben la devolución. *Uno.* 35, 90-106.

D'Amore B. (2004b). El papel de la Epistemología en la formación de profesores de Matemática de la escuela secundaria. *Epsilon.* 60, 20, 3, 413-434.

D'Amore B. (2005). *Bases filosóficas, pedagógicas, epistemológicas y conceptuales de la Didáctica de la Matematica.* México DF, México: Reverté-Relime.

D'Amore B. (2006a). *Didáctica de la Matemática.* Bogotá: Magisterio.

D'Amore B. (2006b). Didattica della matematica C. En: Sbaragli S. (editora) (2006). *La matematica e la sua didattica, vent'anni di impegno.* 93-96.

D'Amore B. (2006c). Objetos, significados, representaciones semióticas y sentido. In: Radford L., D'Amore B. (eds.) (2006). *Semiotics, Culture and Mathematical Thinking.* Número especial de la revista *Relime.* 177-196.

D'Amore B., Fandiño Pinilla M.I. (2002). Un acercamiento analítico al "triángulo de la didáctica". *Educación Matemática.* 14, 1, 48-61.

D'Amore B., Fandiño Pinilla M.I. (2003). La formazione iniziale degli insegnanti di matematica in Italia. En: Fandiño Pinilla M.I. (editora) (2003). *Riflessioni sulla formazione iniziale degli insegnanti di matematica: una rassegna internazionale.* Bologna: Pitagora. 75-104.

D'Amore B., Fandiño Pinilla M.I. (2004). Cambios de convicciones en futuros profesores de matemática de la escuela secundaria superior. *Epsilon.* 58, 20, 1, 25-43.

D'Amore B., Fandiño Pinilla M.I. (2007). Relaciones entre área y perímetro: convicciones de maestros y de estudiantes. *Relime.* 10, 1, 39-68.

D'Amore B., Diaz Godino J., Fandiño Pinilla M.I. (2008). *Competencias y matemática.* Bogotà: Magisterio.

D'Amore B., Matteuzzi M.L.M. (1975). *Dal numero alla struttura.* Bologna: Zanichelli.

D'Amore B., Matteuzzi M.L.N. (1976). *Gli interessi matematici.* Venezia: Marsilio.

D'Amore B., Sbaragli S. (2005). Analisi semantica e didattica dell'idea di misconcezione: una proposta. *La matematica e la sua didattica.* 19, 2, 139-163.

Duval R. (1993). Registres de Répresentations sémiotiques et Fonctionnement cognitif de la Pensée. *Annales de didactique et de sciences cognitives.* 5, 37-65

Euclide (1970). *Elementi.* Editado por A. Frajese e L. Maccioni. Turín: Utet.

Fandiño Pinilla M.I. (2006a). *Currículo, evaluación y formación docente en matemática.* Bogotá: Magisterio.

Fandiño Pinilla M.I. (2006b). Trasposizione, ostacoli epistemologici e didattici: quel che imparano gli allievi dipende da noi. Il caso emblematico di frazioni, area e perimetro. En: Sbaragli S. (editora) (2006). *La matematica e la sua didattica, vent'anni di impegno.* 117-120.

Fandiño Pinilla M.I. (2008). *Las fracciones, aspectos culturales y didácticos.* Bogotá: Magisterio.

Fandiño Pinilla M.I., Sbaragli S. (2001). *Matematica di base per insegnanti in formazione*. Bologna: Pitagora.

Fischbein E. (1985). Intuizione e pensiero analitico nell'educazione matematica. En: Chini Artusi L. (editora) (1985). *Numeri e operazioni nella scuola di base*. Bologna: UMI-Zanichelli. 8-19.

Fischbein E. (1992). Intuizione e dimostrazione. En: Fischbein E., Vergnaud G. (1992). *Matematica a scuola: teorie ed esperienza*. Editado por B. D'Amore. Bologna: Pitagora. 1-24.

Galilei G. (1638 - 1964). *Discorsi intorno a due nuove scienze attenenti alla meccanica e i movimenti locali*. En: *Opere di Galileo Galilei*. Vol. II. Editado por Franz Brunetti. Turín: Utet.

Gentner D. (1983). Structure mapping: a theoretical framework. *Cognitive Science. 7*, 156-166.

Giovannoni L. (1996). Misure di estensione superficiale nella scuola dell'infanzia. *La matematica e la sua didattica. 4*, 394-423.

Iacomella A., Marchini C. (1990). Riflessioni sul problema della misura. *Periodico di matematiche. 66*, VI, 4, 28-52.

Jaquet F. (2000). Il conflitto area - perimetro. *L'educazione matematica.* I parte: 2, 2, 66-77; II parte: 2, 3, 126-143.

Marchini C. (1999). Il problema dell'area. *L'educazione matematica. 1*, 1, 27-48.

Medici D. (1999). Un problema e la sua analisi: frazione di terreno. En: Grugnetti L., Jaquet F. (editores) (1999). *Il Rally matematico transalpino. Quali apporti per la didattica?* Actas de las jornadas de estudio sobre el "Rally matematico transalpino". Brigue, 1997-98. Parma – Neuchâtel: Departamento de matemática de la Universidad de Parma – IRDP de Neuchâtel.

Medici D., Marchetti P., Vighi P., Zaccomer E. (2005). Comparing perimeters and areas childrens' pre-conceptions and spontaneous procedures. Texto presentado en el Cerme 4:

http://cerme4.crm.es/Papers%20definitius/7/wg7listofpapers.htm

Outhred L., Mitchelmore M. (1992). Representation of area: a pictorial perspective. *XVI PME. 2*, 194-201.

Piaget J. (1926). *La rappresentazione del mondo nel fanciullo*. Turín: Boringhieri, 1966. [Edición original en idioma francés: 1926, París: Alcan].

Piaget J. (1937). *La costruzione del reale nel bambino*. Florencia: La Nuova Italia, 1973. [Edición original en idioma francés: 1937, Neuchâtel: Delachaux & Niestlé].

Piaget J., Inhelder B. (1962). *Lo sviluppo delle quantità fisiche nel bambino*. Florencia: La Nuova Italia, 1971. [Edición original en idioma francés: 1962, París-Neuchâtel: Delachaux & Niestlé].

Piaget J., Inhelder B., Szeminska A. (1948). *La geometria spontanea del bambino*. Florencia: Giunti Barbèra, 1976. [Edición original en idioma francés: 1948, París: PUF].

Resnick L.B., Ford W.W. (1981). *Psicologia della matematica e apprendimento scolastico*. Turín: Sei. [Edición original en idioma inglés: 1981, Hillsdale: Lawrence Erlbaum Associates].

Rogalski J. (1979). Quantités physiques et structures numériques. Mesures et quantification: les cardinaux finis, les longeurs, surfaces et volumes. *Bulletin de l'APMEP*. 320, 563-586.

Rouche N. (1992). *Le sense de la mesure*. Bruxelas: Didier Hatier.

Sbaragli S. (2004). *Le convinzioni degli insegnanti sull'infinito matematico*. Tesis de doctorado. Università di Bratislava. La tesis está publicada en italiano y en inglés en el sitio: http://math.unipa.it/~grim/tesi_it.htm del GRIM di Palermo

Sbaragli S. (2005). Misconcezioni "inevitabili" e misconcezioni "evitabili". *La matematica e la sua didattica*. 1, 57-71.

Sbaragli S. (2006). La capacità di riconoscere "analogie": il caso di area e volume. *La matematica e la sua didattica*. 2, 247-285.

Schubauer-Leoni M.L. (1996). Il contratto didattico come luogo di incontro, di insegnamento e di apprendimento. En: Gallo E., Giacardi L., Roero C.S. (editores) (1996). *Conferenze e seminari 1995-1996*. Associazione Subalpina Mathesis - Seminario di Storia delle Matematiche "T. Viola". Turín 17, 1, 7-27.

Speranza F. (1987). La geometria dalle cose alla logica. En: D'Amore B. (editor) (1987). *La matematica e la sua didattica*. Bologna: Pitagora. 105-114.

Stavy R., Tirosh D. (2001). *Perché gli studenti fraintendono matematica e scienze?* Trento: Erickson.

Tierney C., Boyd C., Davis G. (1990). Prospective Primary Teachers's Conception of area. *XIV PME*. 2, 307-315.

Vihn B. y otros. (1964). *L'épistemologie de l'espace*. París: PUF.

Vihn B., Lunzer E. (1965). *Conservations spaciales*. París: PUF.

Los Autores

Bruno D'Amore

(Bolonia, 1946) Graduado en Matemática, en Filosofía, en Pedagogía; phD en Mathematics Education; enseña Didáctica de la Matemática en la Facultad de Ciencias de la Universidad de Bolonia y de la Libre Universidad de Bolzano y de la Alta Escuela Pedagógica de Locarno (Suiza). Es responsable científico del NRD Núcleo de Investigación en Didáctica de la Matemática de la Universidad de Bolonia, Italia; miembro del Grupo Mescud de la Universidad Distrital de Bogotá (Colombia) y del Grupo GRADEM de la Universidad de Barcelona (España).

Promotor y director científico del Congreso Nacional "Encuentros con la Matemática" de Castel San Pietro Terme y director de la revista *La matematica e la sua didattica* (Editore Pitagora, Bolonia); director de diferentes colecciones de varias editoriales; miembro del Comité Científico de revistas, en Italia, España, México, Colombia, Chipre, Venezuela y Grecia. Autor de más de ciento diez libros en italiano, español y portugués; su libro *Elementi di Didattica della Matematica* (Ed. Pitagora, Bolonia) recibió el Primer Premio Absoluto "Lo Stilo d'Oro" en la Décima Edición del Premio Nacional de Pedagogía "Pescara". Es autor de más de 600 artículos de investigación y de divulgación de la didáctica de la matemática, muchos de ellos publicados en español, francés, inglés, alemán, portugués, slovaco, griego... Chief Organizer de un Topic Group en el ICME 8 (Sevilla, España, julio 1996). Ha impartido conferencias generales en diferentes congresos internacionales, en varios paises del mundo, entre los que recordamos solo Relime XII (Bogotá, Colombia, julio 1998); International Conference on Mathematics Education into the 21st Century (Amán, Jordania, noviembre 2000), que se desarrolló bajo la promoción de la UNESCO; III Simposio de Educación Matemática (mayo 2001, Chivilcoy, Argentina), donde fue presidente honorario.

Continuamente ha impartido cursos, conferencias y seminarios en varias Universidades europeas y americanas.

Su curriculum vitae completo y su biografía se encuentran en el sito: *www.dm.unibo.it/rsddm* desde aquí todos los artículos de los ultimos años son descargables gratuitamente.

Martha Isabel Fandiño Pinilla

(Pacho, Colombia) licenciada de la Universidad Pedagógica Nacional de Colombia; especializada en Educación Matemática de la Universidad Distrital "Francisco José de Caldas". PhD en *Mathematics Education* otorgado por la Universidad de Nitra, Eslovaquia, con la tesis doctoral titulada: *Fractions: conceptual and didactic aspects*.

Se desempeñó como docente de primaria y después de secundaria, fue profesora a contrato de la Universidad Distrital de Bogotá, donde tuvo a su cargo el Seminario de Práctica Docente. Realizó investigaciones y asesoró programas para el Instituto Colombiano de Educación Superior ICFES.

Ha publicado más de ciento cincuenta artículos (de divulgación y de investigación en didáctica) en revistas de varios países, en actas de congresos nacionales e internacionales y como autora de artículos en libros editados por otros autores, en español, eslovaco, inglés, italiano, portugués y francés.

En Italia ha publicado 10 libros y fue editora del libro:

Riflessioni sulla formazione iniziale degli insegnanti di matematica: una rassegna internazionale (2003) con la contribución de G. Brousseau, R. Cantoral, R.M. Farfán, U. D' Ambrosio, A. Gagatsis, S. Llinares, H. Maier, D. Perrin, L. Radford, J. Romero, P. Rojas, M. Bonilla y otros (Pitagora, Bologna).

Es codirectora de las series de libros:

Scuola Facendo – Viva la Matematica, Roma: Carocci;

Matematica per gli insegnanti e per la classe, Roma: Armando.

Libros publicados en español:

Fandiño Pinilla M.I. (2006). *Currículo, evaluación y formación docente en matemática*. Prefacio de Salvador Llinares. Bogotá: Magisterio;

D'Amore B., Díaz Godino J., Fandiño Pinilla M.I. (2008). *Competencias y matemática*. Bogotá: Magisterio.

Fandiño Pinilla M.I. (2008). *Fracciones, aspectos conceptuales y didácticos*. Prefacios de Athanasios Gagatsis y de Carlos E. Vasco Uribe. Bogotá: Magisterio.

Dicta continuamente cursos de actualización para docentes de todo nivel escolar, así como cursos postuniversitarios y dirigidos a organismos de investigación; ha dictado conferencias, seminarios y comunicaciones en congresos en varios Países: Colombia, Argentina, Brasil, Suiza, Guatemala, Costa Rica, Eslovaquia, República Dominicana, Bolivia, Chipre, Italia, Francia, España, etc.

Es miembro del comité científico de la revista internacional *Mediterranean Journal en Mathematic Education* que se publica en Nicosia (Chipre), Universidad de Chipre.

Actualmente vive en Italia donde asesora en didáctica de la matemática a una importante Editorial, con sede en Florencia (Italia); es docente a contrato de las Universidades de Bologna y de Bolzano, enseña en la Alta Scuola Pedagogica de Locarno (Suiza).

Es miembro del NRD (Grupo de Investigación en Didáctica de la Matemática de la Universidad de Bologna, Italia), del Grupo Mescud de la Universidad Distrital de Bogotá (Colombia) y del Grupo GRADEM de la Universidad de Barcelona (España).

Participa en trabajos de investigación a nivel nacional e internacional; uno de estos últimos es un trabajo internacional entre las Universidades de Alicante (España), Distrital (Bogotá, Colombia) y Bolonia (Italia); otro actual entre las universidades de Nicosia (Chipre), Rhodes (Grecia), Bologna (Italia), Palermo (Italia) y la Alta Scuola Pedagogica de Locarno (Suiza). Ha sido invitada al Grupo de Trabajo N. 5 del ICMI que se celebró en Roma en marzo 2008, bajo la dirección de Luis Radford y Gila Leder. Se trata del Congreso Internacional ICMI que conmemoró el 1° Congreso (Roma, 1908). En este ámbito presentó un seminario con Bruno D'Amore. Otros recientes en Nicosia (Chipre) y Bordeaux (Francia).

Es codirectora científica del Congreso Nacional "Incontri con la Matematica", que se celebra cada noviembre en Castel San Pietro Terme (Italia).

Es miembro del Grupo de trabajo nacional de expertos del Invalsi que, por cuenta del "Ministero dell'Istruzione italiana", se ocupa de las pruebas nacionales de matemática para todas las clases.

Es miembro del grupo de investigación en didáctica de la matemática del "Ministero dell'struzione italiana", para el Ufficio Scolastico Regionale dell'Emilia-Romagna.

Actualmente, es codirectora del Progetto Nuovo Ma.S.E., el más grande proyecto italiano de didáctica de la matemática para la escuela primaria, que publica, en el curso del 2009-2010, 12 libros, cd y otros materiales para los docentes.

Su curriculum vitae completo y su biografía se encuentran en el sito: *www.dm.unibo.it/rsddm* desde aquí todos los artículos de los ultimos años son descargables gratuitamente.

* 9 7 8 9 5 8 2 0 0 9 8 3 0 *